Susanne Kirchmeyer

Blick auf Deutschland

Erlesene Landeskunde

In Zusammenarbeit mit
Klaus Vorderwülbecke

Auf der Grundlage des gleichnamigen
Lese- und Arbeitsbuches
von Anne und Klaus Vorderwülbecke

Ernst Klett International
Stuttgart

Verwendete Symbole

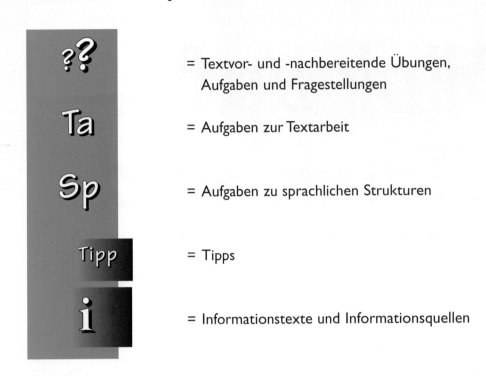

= Textvor- und -nachbereitende Übungen, Aufgaben und Fragestellungen

= Aufgaben zur Textarbeit

= Aufgaben zu sprachlichen Strukturen

= Tipps

= Informationstexte und Informationsquellen

Dieses Werk folgt der reformierten Rechtschreibung und Zeichensetzung.

Ausnahmen bilden Texte, bei denen künstlerische, philologische oder lizenzrechtliche Gründe einer Änderung entgegenstehen.

Gedruckt auf Papier aus chlorfrei gebleichtem Zellstoff

1. Auflage: 1 6 5 4 3 | 2002 2001 2000

© Ernst Klett International GmbH, Stuttgart 1997
Alle Rechte vorbehalten.
Redaktion: Heike Bützer, München
Umschlaggestaltung: Günther Herdin
Umschlagfoto: © Tony Stone / Ken Fisher
Layout, Satz und DTP: Buch & Grafik Design,
Günther Herdin GmbH, München
Druck: Grafos S.A., Barcelona · Printed in Spain
ISBN 3-12-675242-X

Inhaltsübersicht

Wenn Sie etwas erfahren wollen ...

... über die aufregende Geschichte vom Fall der Mauer in Berlin
... über unterschiedliches Denken in Ost und West
... über die starke politische Stellung der Bundesländer
... über die Fernsehsucht der Deutschen
... über die Liebe zum Auto und die Folgen für die Umwelt
... über das Streben nach höherer Bildung
... über Singles und unverheiratete Paare
... über deutsche Sorgen, Hoffnungen und Visionen zum Thema Europa

und über vieles mehr, und wenn Sie auch noch gute Deutschkenntnisse haben, dann ist *Blick auf Deutschland* das richtige Lese- und Arbeitsbuch für Sie.

In zehn Kapiteln können Sie einen zum Teil sehr intensiven Blick auf das neue, vereinte Deutschland werfen. Der Schwerpunkt liegt auf gesellschaftlichen, wirtschaftlichen und politischen Themen. Mit Hilfe authentischer oder leicht bearbeiteter Texte, aber auch durch Fotos, Schaubilder, grafische Übersichten und Karikaturen können Sie sich ein fakten- und facettenreiches Bild von Deutschland erarbeiten.

Im Vordergrund der Arbeit steht das Leseverstehen, aber die Texte und Aufgaben bieten auch Anregungen für Schreibaktivitäten und Diskussionen sowie für die Beschäftigung mit einigen sprachlichen Strukturen. Viele Aufgaben zur Vor- und Nachbereitung der Texte, kurze einleitende Hintergrundtexte und verschiedene Piktogramme führen Sie durch jedes Kapitel.

Eine aktive Mitarbeit ist unserer Meinung nach entscheidend für den Erfolg. Lesen ist nur scheinbar eine rezeptive Fähigkeit. Lesendes Verstehen heißt, sich aktiv etwas zu Eigen zu machen, und das geht unserer Meinung nach sehr viel besser, wenn man lernt, Eigenes mit dem in Texten und Bildern Angebotenen zu persönlichem Wissen zu verarbeiten. Dazu ist die aktive Auseinandersetzung mit den jeweiligen Themen und vielleicht auch den zu Grunde liegenden Wertvorstellungen in Diskussion und Kommentar wie auch im Vergleich mit dem eigenen Land sehr wichtig. Und wenn Sie ein Thema weiter vertiefen möchten, finden Sie am Ende eines Kapitels einige Adressen, wo Sie weitere und ganz aktuelle Informationen erhalten können. Falls vorhanden, finden Sie dort auch die Internet-Adressen der Institutionen.

Ein implizites Ziel der Arbeit mit diesem Buch ist die Erweiterung des eigenen Lebenshorizontes, oft verbunden mit einem neuen Blick auf das Eigene und Vertraute. Somit weitet sich der Blick auf Deutschland zu einem Blick auf viele kulturelle Kontraste oder gar Verstehensprobleme und ist damit hoffentlich ein kleiner Beitrag zum Dialog der Kulturen, der vom Verstehen zum Verständnis und vielleicht sogar zu mehr Toleranz führen kann.

Viel Spaß mit *Blick auf Deutschland* wünschen Ihnen

Susanne Kirchmeyer   Klaus Vorderwülbecke

1 Reiseziel Deutschland

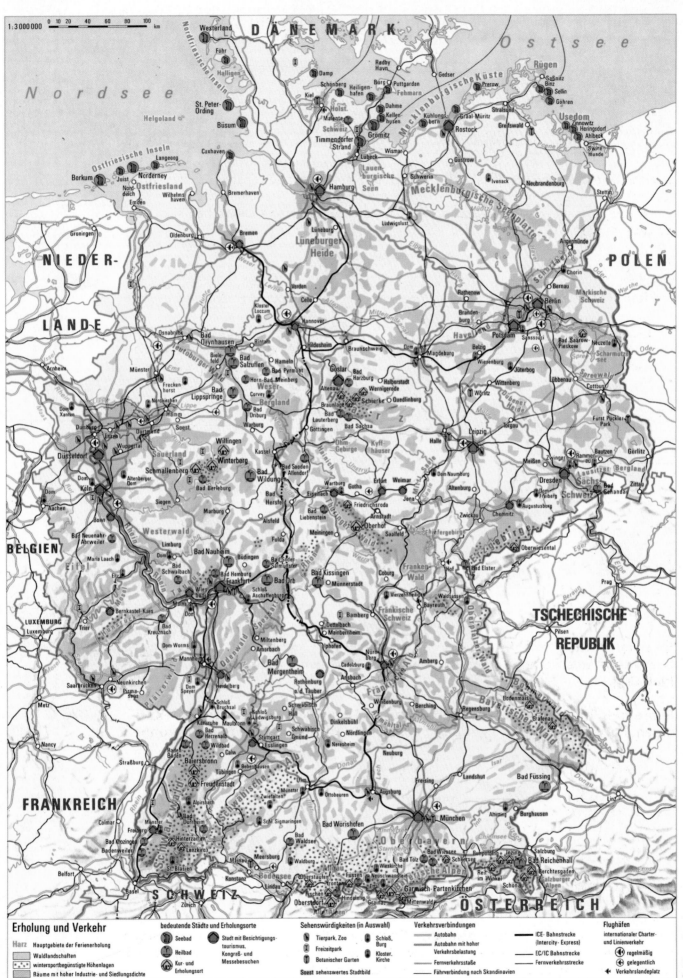

Erholung und Verkehr

Harz   Hauptgebiete der Ferienerholung

▨ Waldlandschaften

✳ wintersportbegünstigte Höhenlagen

▨ Räume mit hoher Industrie- und Siedlungsdichte

bedeutende Städte und Erholungsorte

🏛 Seebad

🏛 Heilbad

🏛 Kur- und Erholungsort

⬡ Stadt mit Besichtigungs-
tourismus, Kongreß- und
Messebesuchen

Sehenswürdigkeiten (in Auswahl)

🏛 Tierpark, Zoo

🎡 Freizeitpark

🌿 Botanischer Garten

🏰 Schloß,
Burg

⛪ Kloster,
Kirche

Soest   sehenswertes Stadtbild

Verkehrsverbindungen

Autobahn

Autobahn mit hoher
Verkehrsbelastung

Fernverkehrsstaße

Fernverkehrsstrecke

Fährverbindung nach Skandinavien

ICE- Bahnstrecke
(Intercity- Express)

EC/IC Bahnstrecke

Fernverkehrsstrecke

Flughäfen

internationaler Charter-
und Linienverkehr

✈ regelmäßig

✈ gelegentlich

✈ Verkehrslandeplatz

© Klett Perthes

Kein schöner Land ...

Im Vergleich zu vielen anderen Ländern ist die Bundesrepublik Deutschland nicht sehr groß. Die längste Ausdehnung beträgt in der Luftlinie 876 km von Norden nach Süden und von Westen nach Osten 640 km. Das Staatsgebiet umfasst rund 375.000 Quadratkilometer und ist damit kleiner als z. B. Frankreich oder Spanien. Trotzdem ist Deutschland ein Land mit einer bemerkenswerten Vielfalt von Städten und Landschaften und damit nicht nur für ausländische Gäste, sondern auch für die Deutschen selbst ein attraktives Reiseland. Fast die Hälfte verbringt den Urlaub im eigenen Land.

Vielleicht sind auch Sie schon einmal in Deutschland gereist oder haben einige Städte und Regionen durch Zeitungen, Bücher oder das Fernsehen kennen gelernt.

Vergleichen Sie Ihre Kenntnisse und Erfahrungen in der Gruppe. Machen Sie eine Liste mit Städten und Regionen und sammeln Sie dazu Informationen.
- **Was wissen Sie über diese Orte?**
- **Welche Vorstellungen oder Erlebnisse verbinden Sie mit diesen Orten?**

Stadt/Region/Landschaft	Informationen/Vorstellungen/Erlebnisse

Welche Städte oder Regionen Deutschlands sind Ihrer Meinung nach besonders interessant für Touristen aus dem Ausland? Begründen Sie Ihre Meinung.

Schreiben Sie über eine Stadt oder Region Ihrer Wahl einen kurzen Text für einen Reiseführer. Die folgenden Fragen und die Karte auf Seite 6 können Ihnen dabei helfen:

- **Wo liegt die Stadt/Region?**
- **Wofür ist die Stadt/Region bekannt?**
- **Was kann man dort besichtigen/unternehmen?**

Die großen Städte, viele landschaftliche Schönheiten und Sehenswürdigkeiten der alten Bundesrepublik sind in weiten Teilen der Welt bekannt. Städte wie Hamburg, Köln, Heidelberg oder München, Regionen wie den Schwarzwald, die Alpen oder das romantische Rheinland kennen viele, und manche von Ihnen haben sie vielleicht auch schon einmal besucht.
Seit der Vereinigung der beiden deutschen Staaten im Oktober 1990 sind auch die neuen Bundesländer beliebte Reiseziele geworden. Wir möchten Ihnen einen Vorschlag für eine Reise von der Ostsee bis zur Wartburg bei Eisenach machen.

Lesen Sie den folgenden Text und sehen Sie sich die Reiseroute auf der Karte (S. 6) an.

Von der Ostsee zur Wartburg

Die Reise beginnt in **Lübeck**, kurz vor der Grenze zu Mecklenburg-Vorpommern, dem nördlichsten der neuen Bundesländer. Die Route führt zunächst fast 350 Kilometer an
5 der abwechslungsreichen Ostseeküste entlang; eine Strecke, die man übrigens auch gut mit dem Fahrrad zurücklegen kann. Auf der Strecke liegen berühmte alte Hansestädte wie **Wismar, Rostock** oder **Stralsund** und
10 bekannte Seebäder wie Kühlungsborn, Ahrenshoop oder Heringsdorf kurz vor der polnischen Grenze. Auf jeden Fall sollten Sie auf der zauberhaften **Insel Rügen** mit ihren schönen Stränden und den berühmten
15 weißen Kreidefelsen Station machen.
Von Rügen geht die Reise nach Süden. Als erholsamer Zwischenstopp bietet sich die **Mecklenburger Seenplatte** etwa 100 Kilometer nördlich von Berlin an. Hier befindet
20 sich das größte Naturschutzgebiet Deutschlands mit vielen seltenen Pflanzen- und Vogelarten. Die vielen Seen laden zum Baden, Segeln oder Bootfahren ein, allen voran die Müritz, der mit ca. 117 km² größte See.
25 Die nächste Station ist **Berlin**. Hier können Sie Geschichte und Kultur tanken, z. B. in einem der mehr als 30 Theater der deutschen Hauptstadt und in zahlreichen Museen. Nirgendwo anders sind aber auch die
30 Probleme des Zusammenwachsens von Ost und West so deutlich sichtbar wie in Berlin, das 28 Jahre durch die Mauer geteilt war.
Von Berlin aus lohnt sich ein Ausflug nach **Potsdam**, der Hauptstadt des Bundeslandes
35 Brandenburg. Besonders sehenswert sind das Schloss und der Park von Sanssouci aus dem 18. Jahrhundert.
Südlich von Berlin treffen Sie auf eine Landschaft, die in Europa einmalig ist: den
40 **Spreewald**. Hier scheint es, als ob sich die Natur ein riesiges grünes Venedig gebaut hätte. Stundenlang kann man auf langen Kanälen und Seitenarmen der Spree Boot fahren. Weiter nach Süden geht die Reise nach
45 **Dresden**. Hier sind Baustile wie Barock und Rokoko mit dem Elbufer zu einem Gesamtkunstwerk zusammengeschmolzen, was der Stadt den Beinamen „Elb-Florenz" verschafft hat. Das berühmteste und eines der prächtig-
50 sten Bauwerke der europäischen Barockarchitektur ist der „Zwinger" aus dem frühen 18. Jahrhundert. Opernfreunde sollten sich auf jeden Fall einen Abend für den Besuch der Semperoper frei halten. Von Dresden aus
55 lohnt sich ein Abstecher nach **Meißen** mit seiner weltberühmten Porzellanmanufaktur. Wanderfreunde werden von dem nahe gelegenen **Elbsandsteingebirge**, der „Sächsischen Schweiz", begeistert sein. Auch die
60 schöne Mittelgebirgslandschaft des Erzgebirges an der deutsch-tschechischen Grenze ist von Dresden aus schnell zu erreichen.
Unser nächstes Etappenziel ist **Weimar**, die Stadt der klassischen deutschen Literatur und
65 Kulturhauptstadt Europas 1999. Von etwa 1770 bis 1830 war Weimar ein glanzvolles kulturelles Zentrum. Dort wirkten unter anderem die Dichter Friedrich Schiller und Johann Wolfgang von Goethe, an die heute ein
70 Denkmal vor dem Deutschen Nationaltheater erinnert. Hier tagte 1919 die deutsche Nationalversammlung und gab der Weimarer Republik (1919–1932) ihren Namen.
Im thüringischen Eisenach endet unsere
75 Reise. Hier wurde 1685 der Komponist Johann Sebastian Bach geboren. Auf der nahe gelegenen Wartburg hielt sich 1521/22 Martin Luther versteckt. Dort übertrug er das Neue Testament ins Deutsche und begründete
80 damit die neuhochdeutsche Schriftsprache.

A5 ▶ *Projekt* ▼ ▼ ▼ *Projekt* ▼ ▼ ▼ *Projekt* ▼ ▼ ▼ *Projekt* ▼ ▼ ▼ *Projekt* ▼ ▼ ▼ *Projekt* ▼ ▼ ▼ *Projekt*

Eine Reise durch die neuen Bundesländer

Der Text aus A 4 macht Ihnen Vorschläge für eine Reise durch die neuen Bundesländer, sagt aber nichts über die Dauer der Reise aus. Um alles in Ruhe zu sehen und sich bei der Reise auch zu erholen, braucht man wahrscheinlich mindestens zwei Wochen. Wer weniger Zeit hat, hat auch die Qual der Wahl.

**Und das ist Ihre Aufgabe: Sie und Ihr Partner/Ihre Partnerin haben die Absicht, vier Wochen in Deutschland zu verbringen. Drei Wochen sind für den Besuch eines Sprachkurses vorgesehen. Sie haben also noch eine freie Woche, die Sie für eine Reise durch die neuen Bundesländer nutzen wollen.
Arbeiten Sie zu zweit oder in der Gruppe einen Reiseplan für diese Reise aus.
Hier sind einige Dinge, die Sie beachten müssen:**

Entfernungen:	Schätzen Sie die Entfernungen zwischen einzelnen Orten mit Hilfe der Karte auf Seite 6.
Ankunft/Abreise:	Sie kommen in Frankfurt am Main an und fliegen auch von dort wieder ab.
Sprachkursort:	Für Ihren Sprachkurs haben Sie die Wahl zwischen folgenden Städten: Bremen, Chemnitz, Düsseldorf, Freiburg, Jena, Saarbrücken oder München. Entscheiden Sie sich für eine dieser Städte und begründen Sie Ihre Wahl.
Zweck der Reise:	Entscheiden Sie sich, welchen Zweck Ihre Reise durch die neuen Bundesländer hat: Möchten Sie sich von Ihrem Sprachkurs erholen und vor allem faulenzen? Möchten Sie sportlich aktiv sein, z.B. wandern oder schwimmen? Oder möchten Sie möglichst viel sehen?
Verkehrsmittel:	Wie wollen Sie reisen? Sie können entweder mit einem Leihwagen oder mit dem Zug reisen. Diskutieren Sie die Vor- und Nachteile.
Ausgangspunkt:	Wo beginnt Ihre Reise durch die neuen Bundesländer? Wie kommen Sie von Ihrem Sprachkursort dorthin?
Programm:	Entwerfen Sie ein Programm für Ihre Reise. Welche Orte/Regionen wollen Sie besuchen? Was wollen Sie dort besichtigen/unternehmen? Wo wollen Sie übernachten?
Zusätzliche Informationen:	Einige zusätzliche Informationen erthalten Sie auf Seite 10/11. Sie möchten aber noch mehr wissen. Entwerfen Sie einen Brief an die Deutsche Zentrale für Tourismus, Beethovenstr. 69, 60325 Frankfurt/Main mit der Bitte um Zusendung von Informationsmaterial.

Geplantes Programm
1. Tag: *Ankunft in Frankfurt; Weiterreise nach*
2. - 20. Tag: *Sprachkurs in*
21. Tag:
22. Tag:
23. Tag:
24. Tag:
25. Tag:
26. Tag:
27. Tag:
28. Tag: *Abflug von Frankfurt*

Sehenswertes in ... Sehenswertes in ... Sehenswertes in ...

...Wismar

Hafen; der „Alte Schwede"
(spätgotisches Giebelhaus, um
1380); Nikolaikirche aus dem
14./15. Jahrhundert; Fürstenhof
aus dem 16. Jahrhundert im Stil
der italienischen Frührenaissance

... Rostock

alte Stadttore;
Marien- und
Nikolaikirche (beide
13. Jahrhundert);
Stadtteil Warne-
münde: Seebad an
der Ostsee;
Fähre nach Gedser
(Dänemark)

... Stralsund

Museen im ehemaligen
Dominikanerkloster
Sankt Katharinen
(15. Jahrhundert);
Bürgerhäuser aus dem
15.–18. Jahrhundert

... Rügen

2,5 km langer Fahr-
damm nach Stralsund;
bis 169 Meter hohe
Steilküsten bei
Kap Arkona;
Badeorte Binz, Sellin

... Berlin

Brandenburger Tor, Reichstagsgebäude; Boulevard „Unter den Linden", das „Kaufhaus des Westens" mit der größten Lebensmittelabteilung Deutschlands, der Kurfürstendamm mit zahlreichen Geschäften; das Schloss Bellevue (Sitz des Bundespräsidenten)

... Weimar

Wohnhäuser von Goethe und Schiller; Schillermuseum; Deutsches National-theater, Gedenkstätte Buchenwald (ehemaliges Konzentrationslager, ca. 10 km von Weimar entfernt)

... Eisenach

Geburtshaus von Johann Sebastian Bach; Lutherhaus; Opel-Werk (modernste Autoproduktionsanlage Europas); Wartburg (ca. 10 km von Eisenach); gute Wandermöglichkeiten im Thüringer Wald

Präsentieren Sie Ihren Reiseplan den anderen Kursteilnehmern. Verwenden Sie hierfür folgende Redemittel:

 A6 **Sp**

Fahrt:	Die	erste/nächste/letzte Station unserer Reise	ist ....
	Das	erste/nächste/letzte Etappenziel	ist ....
	Von	... fahren wir nach	
	Von	... geht die Fahrt nach	
Pause:	In	... machen wir Station/einen Zwischenstopp/eine Pause.	
	In	... bleiben wir ... Tag(e).	
	In	... übernachten wir.	
Programm:	Von	... machen wir einen Abstecher/Ausflug nach	
	In	... besuchen/besichtigen wir	

Schreiben Sie einen Brief an einen Freund/eine Freundin. Beschreiben Sie Ihre geplante Reise und laden Sie ihn/sie ein, mitzukommen. A7

B ▶ Städte zum Kennenlernen

In Deutschland wohnen über 81 Millionen Menschen, darunter 5,6 Millionen ausländische Mitbürger. Mit einer Bevölkerungsdichte von 222 Menschen pro Quadratkilometer gehört Deutschland zu den am dichtesten besiedelten Ländern Europas. Die Bevölkerung ist räumlich allerdings sehr unterschiedlich verteilt.

Wunsch und Wirklichkeit: **Wo die Deutschen leben ... und wo sie leben möchten**		
	leben	möchten leben
Auf dem Land (Dörfer und Kleinstädte mit bis zu 2.000 Einwohnern)	9 %	31 %
In mittleren Städten (zwischen 2.000 und 100.000 Einwohnern)	58 %	51 %
In Großstädten (mehr als 100.000 Einwohner)	33 %	14 %
unentschieden		4 %

Beschreiben Sie die Tabelle (S. 12). Welche Gründe sehen Sie dafür, dass Wunsch und Wirklichkeit teilweise so stark voneinander abweichen? Welche Vor- und Nachteile hat das Leben in der Großstadt bzw. auf dem Land?

	Vorteile	Nachteile
Großstadt		
Land		

Manche Deutsche leben zwar nicht gern in großen Städten, doch als Reiseziele sind sie sehr beliebt. Städtereisen, vor allem über ein langes Wochenende, stehen hoch im Kurs.

Womit kann man als Tourist in einer Großstadt seine Zeit verbringen?

Ta B3 ▶ ## Städtereisen

Vier Großstädte, die von Touristen gern besucht werden, möchten wir Ihnen vorstellen. Sie sind in der nachstehenden Liste der vierzehn größten Städte Deutschlands enthalten.

Rang	Einwohner	Stadt	Rang	Einwohner	Stadt
1	3.400.000	Berlin	8	574.000	Düsseldorf
2	1.600.000	Hamburg	9	570.000	Stuttgart
3	1.200.000	München	10	544.000	Bremen
4	1.000.000	Köln	11	532.000	Duisburg
5	635.000	Frankfurt a. Main	12	530.000	Leipzig
6	624.000	Essen	13	506.000	Hannover
7	594.000	Dortmund	14	501.000	Dresden

1. Stellen Sie mit Hilfe der Karte auf Seite 6 fest, wo diese Städte liegen.
2. Vier der oben genannten Städte werden nachfolgend beschrieben. Ihre Namen werden allerdings nicht genannt. Stattdessen finden Sie das Zeichen XXX. Um welche Städte handelt es sich?

1

Goethes „Klein-Paris"

XXX, von Goethe liebevoll „Klein-Paris" genannt und die mit 530 000 Einwohnern größte Stadt Sachsens, ist aus vielen Gründen eine Reise wert. So ist sie Buchstadt, denn
5 schließlich wurde hier 1825 der Vorläufer des Börsenvereins des Deutschen Buchhandels gegründet. Auch als Musikstadt ist **XXX** bekannt, wirkten hier doch so geniale Musiker wie Johann Sebastian Bach, Felix Mendelssohn-
10 Bartholdy und Robert Schumann. Die Universitätsstadt **XXX** hat eine der ältesten, 1409 von Markgraf Friedrich dem Streitbaren gegründeten Universitäten Deutschlands zu bieten. Als Industrie- und Kohlestadt schlug
15 **XXX** traurige Rekorde in Sachen Umweltbelastung. Und seit 1989 ist **XXX**, durch die entschlossenen Montagsdemonstrationen seiner Bürger, Heldenstadt.
Doch die Möglichkeiten zur Vorstellung dieser
20 Stadt schrumpfen angesichts der Vehemenz, mit der die Messe die Handelsstadt in der Vergangenheit dominierte. Und obwohl 1991 die traditionellen, universalen Frühjahrs- und Herbstmessen eingestellt wurden, ist die Messe
25 bei 26 über das Jahr verteilten Fachmessen auch im **XXX** von heute beherrschend.

2

Das „Tor zur Welt"

Obwohl fast 1.300 Jahre alt, ist **XXX** eine der modernsten Städte Europas. Vieles, wenn nicht alles verdankt der Stadtstaat seinem Hafen – nicht nur den Beinamen „Tor zur
5 Welt". Die maritime Geschichte der Nord-Metropole begegnet dem Gast auf Schritt und Tritt. See- und Kaufleute, Reeder und internationale Spediteure haben bis heute für soliden Wohlstand gesorgt.
10 Baudenkmäler, Theater, renommierte Ausstellungen und internationale Kongresse sowie eine attraktive Umgebung: Die Hansestadt blüht und gedeiht, nicht nur wirtschaftlich. **XXX** ist die grünste Stadt Deutschlands.
15 Fast die Hälfte der gesamten Landflächen entfällt auf Acker- und Gartenland, auf Parks und öffentliche Grünanlagen, auf Wald, Moor und Heide.
In der Innenstadt laden exklusive Einkaufs-
20 straßen wie der Jungfernstieg zum Bummeln ein. Wenn Sie die Nacht zum Tag machen wollen, können Sie dies in St. Pauli tun, dem weltbekannten Vergnügungsviertel mit der „Reeperbahn". Und Feiernde mit Ausdauer
25 oder Frühaufsteher gehen sonntags von 6 bis 10 Uhr gern auf den Fischmarkt.

3
Deutschlands „heimliche Hauptstadt"

Urbayerische Originalität, weltstädtisches Flair, dazu die fast südländische Lebensfreude – kein Wunder, dass das „Millionendorf" an der Isar immer mehr Fans gewinnt. Ihre ungebrochene Anziehungskraft verdankt **XXX**, Deutschlands „heimliche Hauptstadt", mehreren Faktoren. Da ist erstens die ideale Lage im Feriengebiet des Voralpenlandes und zweitens das reiche Angebot an Einrichtungen der Wissenschaft und Kunst. Die Baufreude der Wittelsbacher Könige, Herzöge und Kurfürsten, die hier residierten, legte den Grundstock zu weltberühmten Kunstsammlungen wie der Pinakothek und gaben dem kulturellen Leben der Stadt wesentliche Impulse.
Weltbekannt sind nicht nur Bauten wie die Frauenkirche oder das Nymphenburger Schloss, sondern auch das Oktoberfest, das jedes Jahr Millionen Besucher aus dem In- und Ausland anzieht – vielleicht auch Sie?

4
Die „Domstadt am Rhein"

Die Faszination der „Domstadt" beginnt wie eh und je mit ihrem einzigartigen Rheinpanorama: die Majestät des Doms und der romanischen Kirchen, die berühmten Museen, die spitzgiebligen Altstadthäuser und die sieben Brücken prägen das markante Gesicht der ältesten deutschen Großstadt. Dass die Rheinmetropole auch Millionenstadt, pulsierendes Wirtschaftszentrum in Westeuropa und einer der großen Messeplätze der Welt ist, merkt man erst auf den zweiten Blick.
„Stadtmitte" in **XXX** heißt unübersehbar: Dom. Mehr als 600 Jahre lang (1248–1860) ist an der gewaltigen Kirche gebaut worden. Direkt daneben: Kunst von Weltrang in den Museen. **XXX** ist eines der wichtigsten und lebendigsten Zentren der modernen Kunst und inzwischen auch der Musik und der Medien. Auf den Straßen und in den vielen Gaststätten herrscht Leben rund um die Uhr – nicht nur im Februar, wenn ganz **XXX** mit seinen Besuchern die drei „tollen Tage" des Karnevals feiert. Feiern Sie doch einfach mal mit!

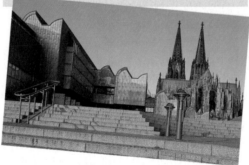

**3. Überprüfen Sie Ihre Lösungen.
Tragen Sie nachfolgend die Namen der vier Städte ein.**

1 = _ _ ☐ _ _ _ _   2 = _ _ _ ☐ _ ☐ _

3 = _ _ _ _ _ ☐ _   4 = _ _ ☐☐

Aus den umrandeten Buchstaben kann man den Namen der größten deutschen Stadt bilden, die auch die Hauptstadt der Bundesrepublik Deutschland ist.

Lösung: ☐ ☐ ☐ ☐ ☐ ☐

Bei einer der vier Beschreibungen handelt es sich um einen Auszug aus einem Reiseführer. Die anderen drei stammen aus dem Werbeprospekt eines Veranstalters von Städtereisen.
Ziel eines Reiseführers ist es in erster Linie, die Leser über die Geschichte und die Sehenswürdigkeiten einer Stadt oder Region zu informieren. Ein Werbeprospekt eines Reiseveranstalters dagegen soll das Interesse der Leser wecken und sie zu einer Reise animieren.

B4

Vergleichen Sie die vier Beschreibungen miteinander und bestimmen Sie die jeweilige Textsorte.

	Text 1	Text 2	Text 3	Text 4
Werbeprospekt:				
Reiseführer:				

Begründen Sie Ihre Entscheidung.

B5 Jede der vier beschriebenen Städte hat etwas Besonderes zu bieten. Was macht die einzelnen Städte laut ihrer jeweiligen Beschreibung attraktiv oder berühmt?

B6 1. Erstellen Sie mit Hilfe Ihnen zugänglicher Materialien (Lexika, Reiseführer, Werbeprospekte etc.) Porträts für die anderen Großstädte, die in der Liste in B 3 aufgeführt werden. Fordern Sie hierzu Informationsmaterial vom Fremdenverkehrsverein der jeweiligen Stadt an.
2. Entwerfen Sie für Ihre Heimatstadt einen Text für einen Reiseführer und für einen Werbeprospekt.

B7 Projekt ▼ ▼ ▼ Projekt ▼ ▼ ▼ Projekt ▼ ▼ ▼ Projekt ▼ ▼ ▼ Projekt ▼ ▼ ▼ Projekt ▼ ▼ ▼ Projekt

Deutschland-Bild

Viele Touristen, die nach Deutschland kommen, haben bereits feste Vorstellungen von Land und Leuten. Oft sind sie jedoch überrascht oder enttäuscht, wenn sie feststellen müssen, dass ihre Vorstellungen nicht mit der Realität übereinstimmen.

Woran denken Sie, wenn Sie an Deutsche oder Deutschland denken? Sammeln Sie Assoziationen in der Gruppe. Versuchen Sie herauszufinden, wodurch diese Assoziationen hervorgerufen werden.

Untersuchen Sie in der Gruppe, mit welchen Bildern für Deutschland-Reisen geworben wird. Nehmen Sie hierzu Prospekte von kommerziellen Reiseveranstaltern oder Anzeigen aus Zeitschriften zu Hilfe. Machen Sie aus den Bildern eine Collage.

Tipp

Sie können die Projektarbeit erweitern, indem Sie z. B. untersuchen,

● wie für deutsche Produkte geworben wird (Werbung in Zeitungen, Zeitschriften oder im Fernsehen).

● wie in den Medien über Deutschland berichtet wird.

Ta B8 Viele falsche Eindrücke von einem Land und seinen Bewohnern entstehen auch dadurch, dass man als Tourist oft zu wenig mit Einheimischen in Kontakt kommt.

Was könnte man Ihrer Meinung nach tun, um den Kontakt zwischen Touristen und Einheimischen zu fördern? Sammeln Sie Vorschläge in der Gruppe.

Um ausländische Touristen in Kontakt mit der deutschen Bevölkerung zu bringen, hat die Deutsche Zentrale für Tourismus (DZT) eine Kampagne mit dem Namen „Im Dialog mit Deutschen" entworfen.

◀ **B9**

Wie könnte eine Kampagne mit diesem Titel aussehen? Entwerfen Sie in der Kleingruppe ein Konzept für eine solche Kampagne. Präsentieren Sie anschließend Ihr Konzept im Plenum.

Vergleichen Sie das Konzept Ihrer Kampagne mit dem Konzept der Deutschen Zentrale für Tourismus, das in dem folgenden Zeitungsartikel beschrieben wird.

◀ **B10**

Gastfreundschaft statt Butzenscheiben-Romantik
Stammtische gegen das Image vom muffigen Michel

Wenn Ausländer an Deutsche denken, sind ihre Assoziationen oft nicht charmant. Das Bild vom „muffigen, deutschen Michel", den man sich vor lauter „Sturheit" und „Steifheit"
5 nur schwer in der Gastgeberrolle vorstellen kann, spukt nach einer Marktuntersuchung der Deutschen Zentrale für Tourismus (DZT) beharrlich in vielen Köpfen herum. Um dieses Bild zurechtzurücken, hat die DZT die Aktion
10 „Im Dialog mit Deutschen" ins Leben gerufen. Sie ist Teil eines neuen Marketing-Konzepts, das statt auf „Butzenscheiben-Romantik" vielmehr auf die Gastfreundschaft des neuen Deutschlands abhebt.
15 Kernstück der DZT-Kampagne ist Deutschlands Traditionseinrichtung, der „Stammtisch" – laut Wörterbuch der „immer gleiche Tisch im Gasthaus, an dem man bei jedem Besuch sitzt bzw. der regelmäßig dort zusammenkom-
20 mende Kreis von Gästen". Die Idee ist einfach: Für ausländische Gäste sollen systematisch Anlässe für Zusammenkünfte mit Bürgern ihrer Fremdenverkehrsorte geschaffen werden – wie z. B. ein regelmäßiger Stammtisch mit
25 Gästen und Gastgebern. Die Idee wurde von vielen Fremdenverkehrsorten bereitwillig aufgegriffen. In Augsburg beispielsweise erklärten sich spontan zwölf – meist gemischtnationale – Vereine bereit, ausländischen
30 Augsburg-Besuchern Clubräume zu öffnen und sie zu Gesprächen einzuladen. Knapp 70 Bürger der Stadt meldeten sich als Privat-Gastgeber für ausländische Besucher.
Die ersten Reaktionen auf Werbung und
35 Anzeigenkampagnen in den USA, Kanada, den Niederlanden und Großbritannien waren nach Darstellung des DZT-Geschäftsführers überwältigend. Innerhalb von nur zwei Wochen gingen in DZT-Außenstellen jeweils
40 4000 Anfragen ein.

(Quelle: Frankfurter Rundschau)

In dem Text wird auf das Bild vom „muffigen deutschen Michel" angespielt (Z. 3). Lesen Sie hierzu folgende Erläuterung aus einem Wörterbuch:

Michel: *dummer, gutmütiger, tölpelhafter Mensch; der deutsche ~ (Spottname); der gutmütige, brave, tüchtige dt. Bauer, <nach 1848> der weltfremde, unpolit., schlafmützige Deutsche* [oberdt. Kurzform von Michael]

B11 In der Überschrift und in Zeile 12 wird der Begriff „Butzenscheiben-Romantik" gebraucht. Welches der beiden Fotos würde sich zur Illustration dieses Begriffs und des Textes besser eignen? Begründen Sie Ihre Meinung.

B12 Beschreiben Sie in eigenen Worten das Konzept und das Ziel der DZT-Kampagne „Im Dialog mit Deutschen".

B13 Die DZT hat u. a. in Anzeigen auf die Aktion „Im Dialog mit Deutschen" aufmerksam gemacht.

Entwerfen Sie in der Gruppe eine Werbe-Anzeige für eine Zeitschrift.

i

Die Deutsche Zentrale für Tourismus ist eine Organisation, die im Ausland für Reisen in die Bundesrepublik Deutschland wirbt. Sie gibt zahlreiche Informationsschriften in vielen Sprachen heraus. Die Anschrift lautet: **Deutsche Zentrale für Tourismus, Beethovenstr. 69, D-60325 Frankfurt/Main**. http://www. Germany-Tourism.de

Informationsmaterial über Reisen nach und in Deutschland können Sie auch beim **Deutschen Fremdenverkehrsverband e.V., Niebuhrstr. 16b, D-53113 Bonn** anfordern.

Wenn Sie sich für eine bestimmte Stadt oder Region interessieren, schreiben Sie am besten an den örtlichen **Fremdenverkehrsverein/Tourist-Information**.

Sprachkurse in Deutschland werden z. B. von den Goethe-Instituten während des ganzen Jahres und von vielen Hochschulen während des Sommers angeboten. Informationen enthält u. a. die Broschüre „Sommersprachkurse in Deutschland", die Sie vom **Deutschen Akademischen Austauschdienst (DAAD), Kennedyallee 50, D-53175 Bonn** erhalten können. Dort können Sie auch die Broschüre „Deutsch als Fremdsprache an außeruniversitären Institutionen in Deutschland" anfordern. http: // www. DAAD.de

2 Deutsche Einheit

„Jetzt muss zusammenwachsen, was zusammengehört"

(Alt-Bundeskanzler Willy Brandt am 10. 11. 89)

Der 3. Oktober ist in der Bundesrepublik Deutschland ein gesetzlicher Feiertag. An diesem Tag trat 1990 die Deutsche Demokratische Republik (DDR) der Bundesrepublik Deutschland bei. Seitdem wird dieser Tag jedes Jahr als „Tag der Deutschen Einheit" besonders gefeiert.

1989 hatte es noch in beiden deutschen Staaten Feiern anlässlich ihres 40-jährigen Bestehens gegeben. Kaum jemand hätte es damals für möglich gehalten, dass es nur ein Jahr später zu einer Vereinigung kommen würde. Die Teilung war eine Folge des Zweiten Weltkrieges und der wachsenden Gegensätze zwischen den Siegermächten USA, Großbritannien und Frankreich auf der einen und der UdSSR auf der anderen Seite. Auf Grund völlig verschiedener politischer und wirtschaftlicher Systeme entwickelten sich die beiden deutschen Staaten sehr unterschiedlich. Nach vierzig Jahren hatten deshalb die meisten Deutschen die Hoffnung auf ein vereinigtes Deutschland aufgegeben.

A1 ▶ Deutsch-deutsche Geschichte

Die folgenden Fotos spiegeln einen Teil der deutschen Geschichte nach dem Zweiten Weltkrieg wider. Eine Bildlegende zu den Fotos finden Sie auf Seite 27.

⑤

⑥

⑦

⑧

⑨

Ordnen Sie die auf den Fotos dargestellten Ereignisse dem jeweils entsprechenden Datum in der Tabelle zu.

1945	8. Mai:
1949	15. September:
	7. Oktober:
1953	17. Juni:
1961	13. August:
1970	März:
1989	Herbst:
	9. November:
1990	3. Oktober:

A2

1. Fallen Ihnen im Zusammenhang mit der Geschichte der Bundesrepublik Deutschland bzw. der DDR zwischen 1949 und 1990 weitere Ereignisse oder Schlagworte ein? Notieren Sie sie stichwortartig in der nachfolgen den Tabelle.

Bundesrepublik Deutschland	Deutsche Demokratische Republik
• _____	• _____
• _____	• _____
• _____	• _____
• _____	• _____

2. Vergleichen Sie Ihre Stichworte mit denen der anderen Kursteilnehmer. Erläutern Sie gemeinsam die Stichworte, die Sie aufgeschrieben haben.

A3

Die beiden deutschen Staaten entwickelten sich sehr unterschiedlich. In welchen Bereichen gab es die größten Unterschiede?

Ebenso wie die starken politischen Gegensätze zwischen den USA und der UdSSR während und nach der Zeit des Kalten Krieges beeinflusste auch die Reformpolitik, die von Michail Gorbatschow Mitte der achtziger Jahre in der UdSSR eingeleitet wurde, das Schicksal der beiden deutschen Staaten. Die allgemeine Entspannung im Ost-West-Verhältnis verstärkte in der DDR die Forderung nach mehr Freiheit und Reformen. Die Regierung war zwar anfangs nicht bereit, auf diese Forderungen einzugehen, geriet jedoch zunehmend unter Druck. Im Sommer 1989 verließen mehrere tausend DDR-Bürger auf dem Umweg über Ungarn und andere osteuropäische Staaten ihr Land. In der DDR selbst fanden immer mehr Menschen den Mut zu Protestaktionen.

A4

Die größte Protest-demonstration in der Geschichte der DDR fand am 4. November 1989 in Ost-Berlin statt. Sie war auch eine Demonstration von Einfallsreichtum hinsichtlich der Sprüche und Slogans, mit denen die Demonstranten ihren Unmut zum Ausdruck brachten.

Ohne Visa von Berlin nach Pisa

DAS VOLK SIND WIR GEHEN SOLLT IHR

Eure Politik war und ist zum Davonlaufen

DAS VOLK SIND WIR UND WIR SIND MILLIONEN

Reisefreiheit statt

Bürger stell die Glotze ab setze dich mit uns in Trab

Bleibe im Land und wehre dich täglich

Radikale Wende oder Ende

Parlamentarische Demokratie statt SED-Machtmonopol

**Interpretieren Sie die verschiedenen Sprüche und Slogans.
Welche Forderungen verbargen sich dahinter?**

Einen emotionalen Höhepunkt erreichten die Entwicklungen in der DDR in der Nacht vom 9. zum 10. November 1989. Lesen Sie hierzu den folgenden Zeitungsartikel, der im Rahmen einer Serie zur Erinnerung an die Ereignisse 1989 in der DDR erschien.

A5 Ta

Chronik der Wende:

Die Nacht vom 9. zum 10. November 1989

„Wahnsinn!" Das war das Wort, das man in der Nacht vom 9. zum 10. November 1989 in Berlin und in ganz Deutschland am häufigsten hörte. Das war die Nacht, in der sich nach 28 Jahren die Mauer öffnete. Das war die Nacht, als nach 40 Jahren Teilung die Vereinigung der beiden Deutschlands begann. Das war die Nacht, als der Zweite Weltkrieg wirklich zu Ende ging. Und das war schließlich die Nacht, in der sich unbekannte Menschen aus Ost und West in den Armen lagen und jubelten und weinten vor Freude. Sie konnten einfach noch nicht glauben, was geschehen war.

**Was geschah in dieser Nacht?
Ergänzen Sie die Liste mit Informationen aus dem Text:**

a) *Öffnung der Mauer nach 28 Jahren* _____

b) _____

c) _____

d) _____

A6 Wie kam es zu diesem „Jahrhundert-Ereignis" am 9. November 1989? Der folgende Text gibt Ihnen einen chronologischen Überblick über die dramatischen Ereignisse des Jahres 1989 und ihre Folgen.

1989: Das Jahr der Wende

Im Mai 1989 beginnt Ungarn mit dem Abbau der Sperranlagen an der Grenze zu Österreich. Der Eiserne Vorhang hat ein erstes Loch. Am 19. August fliehen 600 DDR-Urlauber über diese Grenze nach Österreich, ohne dass die Grenzsoldaten sie aufhalten. Während der Sommermonate flüchten insgesamt 7000 DDR-Bürger in verschiedene osteuropäische Botschaften der Bundesrepublik, unter anderem in Budapest und Prag. Am 30. September lässt die DDR-Regierung sie in die Bundesrepublik ausreisen.

In Leipzig strömen im Laufe des September und Oktober jeweils montags immer mehr Menschen zu Demonstrationen zusammen. Am 2. Oktober sind es 20 000, eine Woche später schon 70 000 und Ende Oktober über 300 000. Die immer lauter werdende Losung heißt: „Wir sind das Volk!"

Am 7. Oktober feiert die DDR wie ein letztes Feuerwerk ihr 40-jähriges Bestehen mit Pomp und Paraden. Die Feierlichkeiten werden jedoch von Protestaktionen begleitet. In diesem Zusammenhang mahnt der sowjetische Staatschef Michail Gorbatschow Reformen in der DDR an, mit dem berühmt gewordenen Satz: „Wer zu spät kommt, den bestraft das Leben". Und das System beginnt zu wanken. Am 18. Oktober tritt der DDR-Staats- und Parteichef Erich Honecker zurück. Sein Nachfolger Egon Krenz kündigt Reformen an. Trotzdem gehen Massenflucht und Proteste weiter. Am 4. November ist der Funke auch auf Ost-Berlin übergesprungen: Rund eine Million Menschen kommen zu einer Protestdemonstration gegen die DDR-Regierung zusammen.

Unter dem Druck dieser Entwicklungen tritt am 7. November die Regierung der DDR geschlossen zurück. Am folgenden Tag wird eine neue Regierung gebildet. Fieberhaft wird an einem neuen Reisegesetz gearbeitet. Am Abend des 9. November gibt der Pressesprecher der Regierung vor ausländischen Journalisten in Ost-Berlin bekannt: Privatreisen ins Ausland können ab sofort ohne besondere Anlässe beantragt werden. Die Grenzposten sind über diese Regelung allerdings noch nicht informiert.

Die Nachricht von der Öffnung der Grenzen, die das Fernsehen in den Abendnachrichten verbreitet, elektrisiert die Bevölkerung. In Ost-Berlin strömen Tausende an die Mauer, um sich von der Richtigkeit der Meldung zu überzeugen. Die Grenzbeamten sind auf diesen Ansturm nicht vorbereitet und lassen die Menschen – trotz weiterhin bestehender Visapflicht – ungehindert passieren. Auf westlicher Seite werden sie begeistert empfangen. Der Regierende Bürgermeister von Berlin, Walter Momper, findet die passenden Worte für das unbeschreibliche Gefühl dieser Nacht: „Heute sind wir Deutschen das glücklichste Volk der Welt."

Die Entwicklung, die noch wenige Wochen zuvor niemand für möglich gehalten hätte, ist nicht mehr aufzuhalten. Am 28.11. stellt Bundeskanzler Helmut Kohl ein Zehn-Punkte-Programm zur Verwirklichung der deutschen Einheit vor. Und die Mauer fällt weiter, Stück für Stück. Drei Tage vor Weihnachten wird das Brandenburger Tor, das Wahrzeichen Berlins, wieder geöffnet.

A7 **Geben Sie die Ereignisse des Jahres 1989 in verkürzter Form wieder.**

Mai 1989   *Abbau der Sperranlagen Ungarns an der Grenze zu Österreich*

19. August 1989   _____

30. September 1989   _____

September/Oktober 1989   _____

7. Oktober 1989   _____

18. Oktober 1989   _____

4. November 1989   _____

7. November 1989   _____

9./10. November 1989 _____

28. November 1989 _____

22. Dezember 1989 _____

Ergänzen Sie die Fortsetzung des Textes mit den folgenden Informationen.

A8

18. März 1990	Erstmals freie und geheime Wahlen in der DDR
12. April 1990	Wahl von Lothar de Maizière zum Ministerpräsidenten der DDR
5. Mai 1990	Beginn der Zwei-plus-Vier-Verhandlungen in Bonn
18. Mai 1990	BRD und DDR unterzeichnen Staatsvertrag
1. Juli 1990	Staatsvertrag tritt in Kraft
6. Juli 1990	Beginn von Verhandlungen über zweiten Staatsvertrag
16. Juli 1990	Sowjetische Regierung stimmt der deutschen Einigung zu
23. August 1990	Volkskammer beschließt Beitritt der DDR zur Bundesrepublik
3. Oktober 1990	Offizieller Vollzug der deutschen Einheit

1990: Das Jahr der Wiedervereinigung

Im Jahr 1990 rast die Geschichte. Am _____
_____ . Aus diesen geht die CDU als Sieger hervor, so dass
ihr die Aufgabe der Regierungsbildung zufällt. Am _____
_____ .

Am _____ . An diesen
Verhandlungen nehmen die beiden deutschen Regierungen und die vier Siegermächte des
Zweiten Weltkrieges teil. Es geht um den künftigen Status eines vereinten Deutschlands.
Knapp zwei Wochen später, am _____ , _____
_____ . Dieser sieht eine Wirtschafts-, Währungs- und Sozial-
union der beiden deutschen Staaten vor und _____ am _____
_____ . Damit wird die D-Mark auch in der DDR zur
offiziellen Währung.

Am _____ .
Mit diesem soll die volle staatliche Einheit der beiden deutschen Staaten hergestellt werden. Zehn Tage später, am _____ , _____
_____ .

Am _____ , das Parlament der DDR,
_____ am 3. Oktober. Mit der Unter-
zeichnung des Souveränitätsvertrags am 12. September verzichten die vier Siegermächte
des Zweiten Weltkrieges endgültig auf ihre Besatzungsrechte und machen damit den Weg
zur deutschen Einheit frei.

Am _____ , nur 341 Tage nach der Öffnung der Mauer in Berlin,
_____ . In einer Rede beim offiziellen
Staatsakt weist Bundespräsident von Weizsäcker trotz des momentanen Glücksgefühls
auch auf die Probleme der Zukunft hin: „Sich zu vereinen, heißt teilen lernen." Der letzte Ministerpräsident der DDR, Lothar de Maizière, definiert in seiner Rede die Vereinigung
als eine andauernde Aufgabe der Deutschen: „Nicht was wir gestern waren, sondern was
wir morgen gemeinsam sein wollen, vereint uns zum Staat."

Sp A9 ▶ Schreiben Sie mit Hilfe der Kurzinformationen in **A 7** und **A 8** einen Bericht über den Weg zur deutschen Einheit. Verwenden Sie dazu Formen der Vergangenheit (Präteritum, Plusquamperfekt).

A10 ▶

Wörter der Wende

1. Sprache ist nicht nur ein Kommunikationsmittel, sondern auch ein Zeitspiegel. Wenn Wörter fehlen, um etwas zu beschreiben, kommt es zu Neubildungen, Bedeutungsverschiebungen oder Entlehnungen. So lassen sich die Veränderungen, die sich 1989/90 in der DDR vollzogen, auch im Wortschatz der deutschen Sprache wiederfinden. Die Wortschöpfungen der Wendezeit und ihre Verwendung hat das Institut für deutsche Sprache in Mannheim in einem „Wörterbuch der Wende" festgehalten. Nachstehend finden Sie einige Beispiele.

Klären Sie mit Hilfe der Texte von A 6 und A 8 die Bedeutung der folgenden Wörter und Wortverbindungen:

die Massenflucht: _____

die Botschaftsflüchtlinge (Pl.): _____

die Montagsdemonstration: _____

die Zwei-plus-Vier-Gespräche (Pl.): _____

der Einigungsvertrag: _____

2. Eine Reihe von witzigen, aber auch kritischen Bezeichnungen sind in der Wendezeit (auch ein Wort aus dem „Wörterbuch der Wende") für bestimmte Personengruppen entstanden: *der Wendehals* und *der Mauerspecht, der Besserwessi* und *der Jammer-Ossi* sind typische Beispiele.

Ordnen Sie den Definitionen die entsprechende Bezeichnung zu:

1. Jemand, der alles besser weiß; im Osten Deutschlands geprägte negative Bezeichnung für Leute aus der alten Bundesrepublik:

   _____

2. Bezeichnung für die (zumeist jungen) Leute, die bereits kurz nach der Öffnung der Berliner Mauer mit Spitzhacke oder Meißel kleine Stücke aus der Mauer schlugen, um sie als Souvenir zu verkaufen:

   _____

3. Negative Bezeichnung für die Bewohner der neuen Bundesländer, die sich nach Ansicht mancher Menschen in Westdeutschland nicht an die neue Situation anpassen können: _____

4. Eigentlich ein Vogel, in der Wendezeit jedoch auch als kritische Bezeichnung für eine Person verwendet, die sich rasch und leicht einer gegebenen neuen Situation anpasst und sie zu nutzen versteht; vor allem für die DDR-Politiker verwendet, die das System lange Zeit getragen hatten, sich dann aber der Bevölkerung als Reformpolitiker präsentierten: _____

Neben dem „Wörterbuch der Wende" hat das Institut für deutsche Sprache in Mannheim auch eine Zusammenstellung von sprachwissenschaftlichen Aufsätzen unter dem Titel „Sprachentwicklung 1989/90 – Wörter, Texte, Sprachverhalten" herausgebracht. Wenn Sie sich für dieses Thema interessieren, erkundigen Sie sich beim **Institut für deutsche Sprache, Postfach 10 16 21, D-68016 Mannheim,** nach genaueren bibliographischen Angaben. Dokumentationen und Informationen über die deutsche Einheit können Sie u. a. von folgenden Institutionen erhalten:

InterNationes e.V. (Mittlerorganisation für die Auslandskulturarbeit), Kennedyallee 91-103, D-53175 Bonn, http://www. Inter-Nationes.de

Presse- und Informationsamt der Bundesregierung, Postfach 21 60, D-53113 Bonn, http://www. bundesregierung.de

Bundeszentrale für politische Bildung, Berliner Freiheit 7, Postfach 2325, 53013 Bonn

Bildlegende zu A 1
① Kriegsende in Berlin (Mai 1945)
② Der Bundestag wählt Konrad Adenauer zum ersten Bundeskanzler der Bundesrepublik Deutschland (15.9.1949)
③ Gründung der Deutschen Demokratischen Republik (7.10. 1949)
④ Volksaufstand in der DDR (17.6.1953)
⑤ Bau der Berliner Mauer (13.8.1961)
⑥ Erstes innerdeutsches Treffen in Erfurt zwischen Bundeskanzler Willi Brandt und DDR-Ministerpräsident Willi Stoph (19.3.1970)
⑦ Protestdemonstrationen in der DDR (4.9.1989)
⑧ Fall der Berliner Mauer (9.11.1989)
⑨ Feiern zur deutschen Vereinigung vor dem Reichstag (3.10.1990)

B

i

Stimmen zum Jahrhundertereignis und den Folgen

Im Folgenden wollen wir einige Menschen mit ihren Gefühlen und Gedanken zur deutschen Einheit zu Wort kommen lassen. Sie spiegeln nicht nur individuelle Meinungen wider, sondern auch eine Entwicklung von Euphorie bis zu Ernüchterung und gar Enttäuschung.

B1

Viele Jahre lang konnten die meisten DDR-Bürger nicht in den Westen fahren. Am 10. November, nach der Öffnung der Grenzen, reisten viele zum ersten Mal in ihrem Leben in den Westen.

Was, glauben Sie, haben diese Menschen damals gefühlt? Sammeln Sie in der Gruppe sprachliche Ausdrücke für diese Gefühle.

Ta B2

In dem folgenden Brief beschreibt der DDR-Student Andy seine Gefühle bei seiner ersten Fahrt nach Westdeutschland. Reiseziel ist Hof, eine Stadt in Bayern, die bis zur Vereinigung fast direkt an der Grenze zwischen der Bundesrepublik Deutschland und der DDR lag.

Der Brief berichtet auf zwei Ebenen: Er beschreibt sowohl den Ablauf der Reise des Studenten Andy als auch seine Gefühle. Markieren Sie beim ersten Lesen die Textstellen, in denen über den Ablauf der Reise berichtet wird.

„Es ist schön in der Welt"

Mann, ist das ein Gefühl. Als ich in Hof war, musste ich weinen und lachen, ich wusste nicht, was mit mir los ist und kann es bis heute nicht begreifen, was ich erlebt habe. Nach all dem Frust, den Gedanken des Abhauens bei Nacht und Nebel, der Angst eines
5 Bürgerkrieges und der Verzweiflung, die wir vielleicht stärker spürten als ihr, ist man frei. Ich kann es nicht glauben. Da steige ich in meinen Trabi, fahre früh 3.30 Uhr los, stehe sechs Stunden im Stau und bin dann ohne Kontrolle im Westen. Ist das ein Gefühl gewesen!

10 Nach der Grenze kam erst mal alles, was man angestaut hat, in Form von Tränen raus. Wir haben auf der Autobahn getanzt, gejuchzt und alles. Es war ein einziges Hupkonzert. Wir sind von dem doch so stinkenden und faulenden Imperialismus, der den Menschen kaputtmachen soll, so herzlich aufgenommen worden, dass
15 ich mir das bis heute nicht erklären kann. Mit Blumen und Glückwünschen, guten Ratschlägen und Winken sind wir empfangen worden. Ich kann euch das nicht alles so beschreiben - war super, total super. ... Auf dem Weg zum Auto hat uns ein Gastwirt in seine Kneipe geführt, wo wir kostenlos gegessen und getrunken haben.

20 In Hof angekommen, sind wir gleich in die Stadt gegangen. Der totale Wahnsinn. Ich bin mit Anja wie unter Hasch von einem Geschäft ins andere gewankt. Was haben wir nur all die Jahre gemacht? Wofür haben auch meine Eltern sich geschunden? Heimwärts
25 standen wir wieder im Stau. Es war bitterkalt im Auto. Doch das war egal, denn man hatte ein schönes wohliges und warmes Gefühl im Herzen. Nachts um Mitternacht standen in Rudolphstein die Leute auf der Brücke und haben uns mit brennenden Kerzen verabschiedet. Mitten in der Nacht bei fast 0 Grad C! Es war wunder-
30 bar. Diesen Tag werde ich nie im Leben vergessen. Es ist schön in der Welt. Ich, der Student Andy, war in Bayern und auch noch mit Trabi ...

Der in Zwickau hergestellte Trabant, meistens Trabi genannt, war eine der beiden Automarken, die in der DDR produziert wurden.

B3 ▶ Beschreiben Sie den Ablauf der Reise kurz in eigenen Worten.

B4 ▶ 1. Der Brief ist sehr emotional geschrieben. Unterstreichen Sie die Textstellen, in denen der Student Andy seine Gefühle beschreibt.
2. Welche typisch umgangssprachlichen Formulierungen verwendet er? Machen Sie eine Liste.
3. Beschreiben Sie die Gefühle des Studenten Andy mit eigenen Worten.

B5 ▶ Der Brief des Studenten Andy entstand kurze Zeit nach dem Fall der Mauer. So wie er fühlten damals sicherlich viele DDR-Bürger. Wie aber war die Stimmung fünf Jahre nach dem Fall der Mauer? Was verschiedene Ostdeutsche zu diesem Zeitpunkt dachten und fühlten, zeigen die folgenden Stimmen aus Thüringen zum Tag der Deutschen Einheit am 3. Oktober 1994.

Unterstreichen Sie beim Lesen die Textstellen, die Werturteile enthalten.

a) *Sandra Schneider (14),*
Schülerin in Weimar:
Seit der Wende hat sich an unserer Schule viel verbessert. Wir haben eine größere Auswahl an Unterrichtsmaterialien. Man kann heute auch seine Meinung zum Unterricht sagen. Es gibt mehr Freizeitangebote. Ich gehe oft mit meinen Freundinnen ins Kino. Aber es gibt auch negative Effekte. Der Verpackungsmüll nimmt immer mehr zu. Die Lebensmittel sind nicht mehr so gut wie früher, enthalten sehr oft chemische Zusätze.

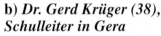

b) *Dr. Gerd Krüger (38),*
Schulleiter in Gera
Ich bin froh, dass es so gekommen ist mit der deutschen Einheit. Es gibt natürlich gewaltige Probleme für jene, die arbeiten wollen, aber ohne Lohn und Brot sind. Aus rein materieller Sicht – davon bin ich überzeugt – geht es den meisten Menschen bei uns jetzt besser, nicht dagegen aus psychologischer Sicht. Ich denke aber, dass wir nach den ersten schweren Jahren in der Zukunft noch besseren Zeiten entgegengehen.

c) *Gabriele Sommer (40),*
Einzelhändlerin in Gotha:
Vor der Vereinigung – das war eine sehr bewegende Zeit. Ich habe mich engagiert. Es war, als ob mir eine Last von den Schultern genommen wurde. Heute geht es mir persönlich gut. Ich habe meine Arbeit. Aber nicht allen geht es so. Wir haben eine äußere Vereinigung, die innere wird noch eine Generation dauern. Viele meiner Kunden sehen es aber auch anders, vor allem jene, denen die Einheit weniger Gutes gebracht hat.

d) *Martin Frey (40),*
Kraftfahrer in Weimar:
Ganz entscheidend ist, dass man im Gegensatz zu früher eine eigene Meinung auch vertreten kann. Die Reisefreiheit genieße ich; war schon zweimal im westeuropäischen Ausland. Dies muss aber alles erarbeitet werden. Nicht nur das Arbeitsleben ist hektischer geworden, auch im Alltag hat sich manches geändert. Die Geselligkeit ist weggefallen, auch half man sich früher gegenseitig mehr. Heute dreht sich alles nur noch um das Geld.

e) *Stefanie Groß (19),*
Auszubildende in Erfurt:
Der 3. Oktober ist für mich ein politisches Datum ohne jegliche Bedeutung. Ich hatte mehr von der deutschen Einheit erwartet. Reisefreiheit ist zwar schön, doch was nützt sie jenen, die kein Geld für Urlaub haben. Vor meiner Berufswahl musste ich 50 Bewerbungen schreiben, erhielt 40 Absagen. Schlechter kann es nicht mehr werden. Allein die Tatsache, dass ich an verschiedenen „Miss-Wahlen" teilgenommen habe, gibt mir innerlich Aufschwung.

f) *Walter Fraps (44),*
Pfarrer in Trügleben:
Die deutsche Wiedervereinigung ist für mich eine große Gabe und eine Aufgabe zugleich. Bei vielen Menschen war die Euphorie zu groß, waren die Hoffnungen zu hoch. Meine Sorge besteht darin, dass skrupellose Geschäftemacher von drüben die teilweise noch vorhandene Naivität der Menschen bei uns ausnutzen. Aber die Einheit wurde uns vielleicht zu einfach gemacht. Wir haben sie faktisch geschenkt bekommen. Und heute will jeder ein Revolutionär gewesen sein.

Tragen Sie die positiven und die negativen Urteile in Stichworten in die nachstehende Tabelle ein.

◄ B6

Text	positiv	negativ
a	mehr Unterrichtsmaterial, eigene Meinung sagen können	viel Verpackungsmüll, Chemie in Lebensmitteln
b		
c		
d		
e		
f		

B7 ▶ Vergleichen Sie die obigen Aussagen mit dem Brief des Studenten Andy in B2. Welche Unterschiede gibt es?

B8 ▶ Vergleichen Sie zu den Aussagen aus B 2 und B 5 einige Tatsachen aus dem „Sozialreport neue Bundesländer" vom Herbst 1994:

1. Ein Drittel der Ostdeutschen ist arbeitslos, im Vorruhestand oder hat nur eine ABM-Stelle (= **A**rbeits**b**eschaffungs**m**aßnahme. Sie ist zeitlich befristet und wird vom Arbeitsamt bezahlt.)

2. Nur 14% der Frauen empfinden die Einheit als Gewinn.

3. Fast die Hälfte glaubt, dass in Bezug auf die Lebensverhältnisse „eher zu viel" vom Westen importiert wurde.

4. Viele Ostdeutsche fühlen sich fremd im eigenen Land – zwischen „Nicht-mehr DDR" und „Noch-nicht-BRD".

5. Die Gefahr besteht, dass Ostdeutsche nur Betroffene, aber nicht Beteiligte sind.

Welche dieser Angaben lassen sich den Meinungsäußerungen aus Thüringen zuordnen?

B9 ▶ In den vorangegangenen Texten haben Sie etwas über die Erlebnisse, Gefühle und Gedanken einiger Menschen aus den neuen Bundesländern gelesen.

Was manche Menschen im Westen über die Folgen der Einheit denken, können Sie aus der nebenstehenden Karikatur ersehen. Was sagt sie über (diese) Westdeutschen aus?

B10 ▶ Der Autor des folgenden Artikels lebt in Dresden und in Augsburg. Er kennt also die Gefühle und das Denken der Westdeutschen und der Ostdeutschen aus eigener alltäglicher Erfahrung. Er stellt Überlegungen dazu an, welche gesellschaftlichen Unterschiede es zwischen der Bundesrepublik Deutschland und der DDR gab und wie die Deutschen in Ost und West zusammenkommen können.

Klären Sie vor dem Lesen die Bedeutung der folgenden Sätze in Partnerarbeit. Suchen Sie im Text nach inhaltlichen Entsprechungen. Markieren Sie die einzelnen Textstellen und schreiben Sie die entsprechende Zeilenzahl hinter die jeweilige Aussage.

Zeile

1. Beide Teile des Landes müssen sich aneinander anpassen. _____

2. Der Osten schaute neidvoll auf die Entwicklung im Westen. _____

3. Die Westdeutschen empfanden die DDR nicht mehr als Teil von
Deutschland. _____

4. Im Osten bildete sich eine wenig gegliederte Gesellschaft heraus. _____

5. Im Westen entwickelte sich nach 1945 die Sozialstruktur fort, die bereits
vorher existiert und funktioniert hatte. _____

6. Im Westen führte das Wirtschaftswunder zu einer dynamischen gesellschaftlichen Entwicklung. _____

7. Jetzt soll der Osten extrem schnell die Entwicklung des Westens nachholen. _____

Denken West – Denken Ost

Die spürbarste Auswirkung des „real existierenden Sozialismus" auf das gesellschaftliche Leben scheint mehr struktureller Natur zu sein. In Westdeutschland ent-
5 wickelte sich nach 1945 die traditionell vorhandene und funktionierende gesellschaftliche Struktur weiter. Bei einer deutlichen „Oben – unten"-Gliederung nahm jeder mit Selbstverständlichkeit den Platz ein, der ihm
10 nach Fähigkeit und Leistung entsprach. Das DDR-System dagegen hinterließ eine völlig formlose Sozialstruktur. Nach der bewusst herbeigeführten Zerstörung und Einebnung des sozialen Gefälles besaß die Gesellschaft
15 nur eine geringe Gliederung. Die Kriterien dieser Gliederung waren nicht Fähigkeit und Leistung, sondern eher Anpassung und Willigkeit.

In der alten Bundesrepublik Deutschland
20 setzte mit dem „Wirtschaftswunder" unter starkem amerikanischem Kultureinfluss eine beschleunigte soziokulturelle Eigenentwicklung ein, die jenseits von Elbe und Werra zunächst mit Neid und Bewunderung
25 betrachtet wurde.
Nach dem Mauerbau schlug das oft in

Verwunderung und Unverständnis um. Diese rasante Eigenentwicklung im Westen war mit dem Abheilen der östlichen Am-
30 putationswunde verbunden. Heute nun soll das amputierte Glied möglichst in Lichtgeschwindigkeit die Entwicklungsstufen der westdeutschen Gesellschaft seit 1945 nachholen, um organischen Anschluss zu finden.
35 ...

Westdeutsches Denken sieht sich so mit Grundhaltungen konfrontiert, die von vielen als rückständig und kleinbürgerlich empfunden werden. Sie sind jedoch originär
40 deutsch und realitätsbezogen. Ihre Bekämpfung würde nur zum Ausweichen auf „rechte" Positionen führen. ...

Die Zukunft der Einheit wird jedenfalls nicht in der Assimilation liegen, sondern in
45 einer Synthese, die auch neue, nicht der Altrepublik entstammende Kennzeichen aufweist.

(Quelle: Frankfurter Allgemeine Zeitung, Christof Ehrler: „Über die innere Fremdheit der Deutschen")

B11 ▶ **Nach dem Fall der Mauer spricht man heute oft von der „Mauer in den Köpfen". Suchen Sie im Text von B 10 Gründe für diese Haltung.**

B12 ▶ Die Probleme von Teilung und Vereinigung werden in Berlin besonders schmerzlich deutlich. Wie das ganze Land wurde Berlin nach Kriegsende zunächst in vier Sektoren geteilt, einen für jede Siegermacht. Nach 1949 gab es aber faktisch eine Zweiteilung: West-Berlin und Ost-Berlin. Seit 1990 müssen auch die beiden Teile Berlins wieder zusammenwachsen. Doch auch hier zeigt sich: Die Wunden der Trennung heilen nach der Vereinigung nur sehr langsam, und es bleibt die Mauer in vielen Köpfen. Peter Schneider hat das beschrieben.

Welches ist Ihrer Meinung nach die zentrale Aussage des Textes?

Zukunft ohne Gegenwart

Der zeitgemäße Wunsch des Berlin-Besuchers lautet: Zeig mir, wo die Mauer war. Als ich einem amerikanischen Bekannten kürzlich
5 diese Bitte erfüllen wollte, versagte ich kläglich. Die Mauer ist im Stadtinnern so völlig abgeräumt, dass ich öfter ins Zweifeln geriet, ob sie dort, wo ich hinzeigte, wirklich
10 gestanden hatte.

Nur die Mauer hatte die Illusion aufrechterhalten, dass es nur eine Mauer sei, was die Deutschen trennte. Vor einiger Zeit war ich Gast auf
15 einer West-Berliner Party. Ein be-

freundetes Ehepaar hatte Freunde aus beiden Hälften der Stadt eingeladen. Erst beim näheren Hinsehen wurde deutlich, dass die Gäste beim
20 Platznehmen unwillkürlich einer bestimmten Sitzordnung gehorchten, die von den Gastgebern nicht gewollt war. Die Gäste teilten sich, unsichtbaren, aber wirksamen Kräften
25 gehorchend, in Gruppen, die kaum miteinander kommunizierten: An einem Tisch saßen die Westler, an einem anderen die Ostler.

Was wird aus Berlin? Früher hatte
30 ich, wenn ich hierher zurückkehrte, ein deutlich umrissenes Bild von der Stadt.

Jetzt verschwimmen alle klaren Linien auf dem Erinnerungsbild, es
35 wirkt wie ein Foto, das zu viel Licht abbekommen hat. Es zeigt keine Gegenwart mehr, nur noch Zukunft.

(Peter Schneider: „Zukunft ohne Gegenwart")

B13 ▶ **Vergleichen Sie diesen Text mit dem Text „Denken West – Denken Ost". Welche Verbindungen sehen Sie zwischen diesen Texten? Inwieweit sind unterschiedliche Mentalitäten auch ein Problem beim Zusammenwachsen Europas?**

B14 ▶ **1. Der Soziologe Wolf Lepenies hat gefordert, dass man jetzt mehr über „Sozialismus im Kapitalismus" und „mehr Gleichheit innerhalb der Marktwirtschaft" nachdenken müsse. Diskutieren Sie diese Forderung – nicht nur in Bezug auf Deutschland.**
2. Welche Verbindung sehen Sie zwischen den Problemen des geeinten Deutschlands und denen zwischen Industrienationen und den sogenannten Entwicklungsländern?

3

Deutschland und Europa – die Teile und das Ganze

Einheit nach außen, Vielfalt nach innen

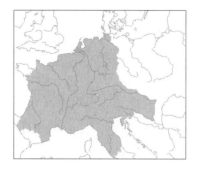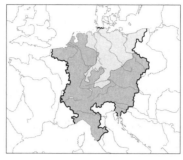

_____ _____ _____

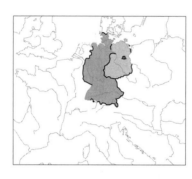

_____ _____

A1

Deutschland hat sich im Laufe der Geschichte stark verändert. Die obigen Landkarten vermitteln einen Eindruck von einigen wichtigen äußerlichen Veränderungen.

1. Vergleichen Sie die Karten miteinander. Was fällt Ihnen auf?

2. Überlegen Sie, welche der folgenden Jahreszahlen zu welcher Karte passen könnte. Schreiben Sie die Jahreszahl unter die jeweilige Karte.

| 1990 | 800 | 1871 | 1555 | 1949 |

3. Überprüfen Sie Ihre Entscheidung mit Hilfe der folgenden Kurztexte. Schreiben Sie zu jedem Text die passende Jahreszahl.

_____: Auf dem Reichstag in Augsburg wurde beschlossen, dass alle Bürger den Glauben ihres Landesherren übernehmen mussten. Danach war das Deutsche Reich in katholische und evangelische Länder gespalten.

_____: Nach dem Deutsch-Französischen Krieg erstreckte sich das Deutsche Reich vom Elsass bis nach Königsberg.

_____: Nach dem Zweiten Weltkrieg wurde Deutschland in zwei Staaten geteilt.

_____: Karl der Große vereinigte die Germanenstämme zu einem europäischen Großreich. Seine drei Enkel teilten es aber wieder auf.

_____: Mit dem Beitritt der DDR zur Bundesrepublik Deutschland kam es zur Vereinigung der beiden deutschen Staaten.

4. Welche hauptsächlichen Veränderungen erkennen Sie zwischen 800 und 1990?

A2

Wenn ich doch endlich mal durch Deutschland
mit meinem Reisewagen fahren könnte,
ohne jeden Augenblick vor Schlagbäumen
zu stehen, und nur eine Münze Geltung haben würde!

Johann Wolfgang von Goethe (1749–1832)

Welche Informationen vermittelt Ihnen das obige Zitat über die politische Situation in Deutschland während der Zeit, in der der Dichter Johann Wolfgang von Goethe lebte? Welche Ähnlichkeiten gibt es zwischen der damaligen Situation in Deutschland und der heutigen in Europa?

Deutsche Kleinstaaterei

A3

Die untenstehende Tabelle stammt aus einem Lexikon aus dem Jahre 1849. Sie zeigt, aus welchen Staaten Europa zu der damaligen Zeit bestand. So ist z. B. Bremen als souveräner Staat (64.000 Einwohner) gleichrangig neben Russland (56.000.000 Einwohner) aufgeführt.

Vollständiges politisches Taschenwörterbuch.

Staaten	Seelenzahl	Staaten	Seelenzahl
Anhalt Köthen	40.000	Kurhessen	730.000
Baden	300.000	Lübeck	54.000
Baiern	4.300.000	Mecklenburg	550.000
Belgien	4.000.000	Nassau	400.000
Braunschweig	260.000	Oesterreich	37.000.000
Bremen	64.000	Portugal	3.500.000
Dänemark	2.300.000	Preußen	15.000.000
Frankfurt	66.000	Rußland	56.000.000
Frankreich	35.000.000	Sachsen	1.700.000
Griechenland	800.000	Sachsen-Coburg	140.000
Großbritannien	31.000.000	Sachsen-Meiningen	150.000
Hamburg	175.000	Sachsen-Weimar	250.000
Hannover	1.700.000	Schweden u. Norwegen	4.200.000
Hessen Darmstadt	800.000	Spanien	12.000.000
Hessen Homburg	23.000	Türkei	12.000.000
Hohenzollern Hechingen	19.000	Waldeck	57.000
Holland	3.100.000	Würtemberg	1.600.000
Italien	15.500.000		

𝔄 A	ℌ H	𝔒 O	𝔙 V	a a	h h	o o	v v
𝔅 B	𝔍 I	𝔓 P	𝔚 W	b b	i i	p p	w w
ℭ C	𝔍 J	𝔔 Q	𝔵 X	c c	j j	q q	x x
𝔇 D	𝔎 K	𝔕 R	𝔜 Y	d d	k k	r r	y y
𝔈 E	𝔏 L	𝔖 S	𝔷 Z	e e	l l	s/ſ s	z z
𝔉 F	𝔐 M	𝔗 T		f f	m m	t t	
𝔊 G	𝔑 N	𝔘 U		g g	n n	u u	

Suchen Sie in der Abbildung weitere deutsche Staaten. Vielleicht kann Ihnen auch die Karte auf Seite 38 helfen.

Auch heute besteht Deutschland noch aus mehreren Ländern, den Bundesländern. Ihre Zahl hat sich nach der Wiedervereinigung von elf auf sechzehn erhöht.

Ergänzen Sie die fehlenden Namen.

Baden-Württemberg – Bayern – Berlin – Brandenburg –

Bremen – Hamburg – Hessen – Mecklenburg-Vorpommern –

Niedersachsen – Nordrhein-Westfalen – Rheinland-Pfalz –

Saarland – Sachsen – Sachsen-Anhalt – Schleswig-Holstein –

Thüringen

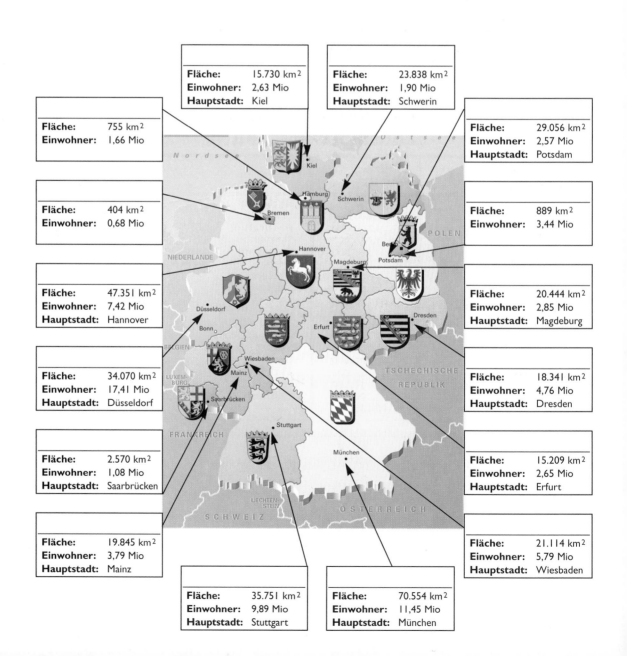

Fläche: 15.730 km² **Einwohner:** 2,63 Mio **Hauptstadt:** Kiel

Fläche: 23.838 km² **Einwohner:** 1,90 Mio **Hauptstadt:** Schwerin

Fläche: 755 km² **Einwohner:** 1,66 Mio

Fläche: 29.056 km² **Einwohner:** 2,57 Mio **Hauptstadt:** Potsdam

Fläche: 404 km² **Einwohner:** 0,68 Mio

Fläche: 889 km² **Einwohner:** 3,44 Mio

Fläche: 47.351 km² **Einwohner:** 7,42 Mio **Hauptstadt:** Hannover

Fläche: 20.444 km² **Einwohner:** 2,85 Mio **Hauptstadt:** Magdeburg

Fläche: 34.070 km² **Einwohner:** 17,41 Mio **Hauptstadt:** Düsseldorf

Fläche: 18.341 km² **Einwohner:** 4,76 Mio **Hauptstadt:** Dresden

Fläche: 2.570 km² **Einwohner:** 1,08 Mio **Hauptstadt:** Saarbrücken

Fläche: 15.209 km² **Einwohner:** 2,65 Mio **Hauptstadt:** Erfurt

Fläche: 19.845 km² **Einwohner:** 3,79 Mio **Hauptstadt:** Mainz

Fläche: 21.114 km² **Einwohner:** 5,79 Mio **Hauptstadt:** Wiesbaden

Fläche: 35.751 km² **Einwohner:** 9,89 Mio **Hauptstadt:** Stuttgart

Fläche: 70.554 km² **Einwohner:** 11,45 Mio **Hauptstadt:** München

Vergleichen Sie die Bundesländer miteinander und erstellen Sie eine Rangfolge hinsichtlich ihrer Größe und Einwohnerzahl. ◀ **A5**

Vergleichen Sie die Namen der Bundesländer mit denen aus dem Lexikon von 1849 in A 3. Welche der damaligen Staaten existieren heute noch als Bundesländer? Wie viele Stadtstaaten gab es 1849, wie viele gibt es heute? ◀ **A6**

Wie Sie sehen, hat – mit Ausnahme der drei Stadtstaaten – jedes Bundesland eine eigene Landeshauptstadt. Was ist Ihrer Meinung nach der Grund dafür? Überlegen Sie, welche Funktion die Hauptstadt Ihres Landes hat. Welche wichtigen staatlichen Institutionen haben dort ihren Sitz? ◀ **A7**

> Wenn Sie gern mehr über die einzelnen Bundesländer erfahren möchten schlagen wir Ihnen vor, in Gruppen Portraits verschiedener Bundesländer zu erstellen. Materialien für diese Aufgabe können Sie schriftlich von der *Abteilung für Öffentlichkeitsarbeit* bei den einzelnen Landesregierungen in den Landeshauptstädten anfordern. Oder surfen Sie im Internet: Die meisten Bundesländer finden Sie unter http://www.<name des bundeslandes>.de, also Thüringen beispielsweise unter **http://www.thueringen.de.** **Tipp**

Besprechen Sie in Gruppen oder mit Ihrem Partner die folgenden Fragen: ◀ **A8 Ta**

a) Warum heißt Deutschland eigentlich Bundesrepublik Deutschland?

b) Gibt es vielleicht historische Gründe dafür, dass die Bundesrepublik aus mehreren Bundesländern besteht? Wenn ja – welche?

c) Sind die Bundesländer nur Provinzen oder Staaten mit eigener Staatsgewalt?

d) Woran könnte man möglicherweise die Staatsgewalt der Bundesländer erkennen?

e) Haben die Bundesländer das Recht, eigene Gesetze zu erlassen?

Vergleichen Sie Ihre Ergebnisse mit denen der anderen Gruppen. Verwenden Sie hierfür folgende Redemittel: ◀ **A9 Sp**

Wir denken/glauben/meinen, dass ...

Wir sind der Meinung/Auffassung/Ansicht, dass ...

Unserer Meinung/Auffassung/Ansicht nach ...

Vergleichen Sie Ihre Antworten auf die Fragen in A 8 mit dem Inhalt des folgenden Textes.

Einheit nach außen, Vielfalt nach innen – der deutsche Föderalismus

Wenn man mit dem Auto auf der Autobahn A 4 von Frankfurt am Main nach Jena fährt, begegnet man nicht nur Schildern, die auf bestimmte Sehenswürdigkeiten hinweisen,
5 sondern auch solchen: „Auf Wiedersehen in Hessen" ist z. B. kurz vor Eisenach auf einem großen Schild zu lesen, und ein paar Meter weiter: „Willkommen im Freistaat Thüringen". Diese beiden Schilder markieren

10 die Landesgrenzen zwischen den beiden Bundesländern. Doch nicht nur diese Schilder, sondern auch der Staatsname *Bundesrepublik Deutschland* machen deutlich, dass Deutschland ein Staat mit einer föderalistischen
15 Struktur ist. In einem solchen Staat haben sich mehrere Länder zu einem Bund zusammengeschlossen, was man auch als Föderation (von dem lateinischen Wort *foedus* = Bündnis) bezeichnet. Konkret auf Deutschland bezogen
20 heißt das: Insgesamt 16 Länder sind politisch und organisatorisch in einem Bund zusammengefasst und bilden gemeinsam den Gesamtstaat Bundesrepublik Deutschland.

Diese föderalistische Struktur ist vor
25 allem – wenn auch nicht ausschließlich – das Ergebnis historischer Entwicklungen. Bis 1806 bestand das Heilige Römische Reich Deutscher Nation aus vielen kleinen souveränen Einzelstaaten. Nach seinem Ende gab es eine
30 Reihe von Bemühungen, mehrere dieser Staaten in einem Bundesstaat mit einer gemeinsamen Regierung zu vereinen. So erfolgte schließlich im Jahre 1871 die Errichtung des Deutschen Reiches als Bundes-
35 staat, in dem die Einzelstaaten eine starke politische Stellung behielten. Mit Gründung der Weimarer Republik (1919–1933) verloren die Einzelstaaten jedoch an politischer Macht, und während der Zeit des National-
40 sozialismus (1933–1945) wurde das föderalistische System Schritt für Schritt abgeschafft und durch einen zentral regierten Einheitsstaat ersetzt. Nach 1945 wurden in den drei westlichen Besatzungszonen elf Länder
45 wieder gegründet oder neu geschaffen, aus denen 1949 die Bundesrepublik Deutschland entstand. Auch die DDR bestand bei ihrer Gründung aus fünf Ländern. Diese wurden jedoch 1952 aufgelöst und erst 1990 wieder
50 gegründet.

Dieser Rückblick in die Geschichte zeigt die Gründe dafür, dass die heutigen Bundesländer keine bloßen Provinzen oder Regionen sind, sondern Staaten mit eigener
55 Staatsgewalt. Sichtbar wird dies in mehrfacher Hinsicht: Nicht nur der Bund hat eine Verfassung (das Grundgesetz), sondern auch die einzelnen Länder. Sowohl der Bund als auch die Länder haben ein unmittelbar vom
60 Bürger gewähltes Parlament (Bundestag bzw. Länderparlamente) und eine von den Parlamenten bestellte Regierung (Bundesregierung bzw. Landesregierungen). Und nicht zuletzt hat nicht nur der Bund eine Hauptstadt
65 (Berlin), sondern auch jedes Bundesland.

Diese Struktur ermöglicht eine Aufteilung der staatlichen Aufgaben zwischen Bund und Ländern. Dabei haben die Länder einerseits auf Rechte verzichtet und diese dem Bund
70 übertragen (z. B. die Zuständigkeit in der Außen- und in der Verteidigungspolitik). Andererseits verbleiben ihnen Aufgaben, für die sie allein verantwortlich sind und bei denen der Bund kein Mitspracherecht hat
75 (z. B. in der Bildungs- und Kulturpolitik oder in der Landesverwaltung). So erklärt es sich, dass es in bestimmten Bereichen (z. B. im Bildungssystem oder in der Kulturpolitik) von Bundesland zu Bundesland Unterschiede gibt.

Die folgende Tabelle enthält ergänzende Informationen zum obigen Text. Wo könnte man sie einfügen? Markieren Sie die entsprechenden Textstellen. Begründen Sie Ihre Entscheidung.

A11

		Abschnitt	Zeile
A	Während beispielsweise die Schulzeit in Hessen bis zum Abitur dreizehn Jahre beträgt, sind es in Thüringen nur zwölf Jahre.		
B	Nur der Bund kennt die Institution des Staatsoberhauptes im Amt des Bundespräsidenten, während die Länder auf das Amt des Landesoberhauptes verzichtet haben. Aber auch sie könnten aufgrund ihrer Staatlichkeit ein solches Amt schaffen.		
C	1815 vereinigten sich 39 souveräne Fürstentümer und freie Städte Deutschlands zu einem Deutschen Bund, der bis 1866 bestand. Ein Jahr später wurde der Norddeutsche Bund gebildet, in dem sich insgesamt 22 Mittel- und Kleinstaaten nördlich der Mainlinie zusammenschlossen. Diesem Bund traten nach dem Ende des Deutsch-Französischen Krieges 1870/71 die süddeutschen Staaten bei.		
D	Statt der Länder gab es dann 38 Jahre lang Bezirke.		

Ein kurzer historischer Rückblick: In welchem Jahr …

A12

… begann die Zeit des Nationalsozialismus?

… endete das sogenannte Dritte Reich?

… entstanden die Bundesrepublik Deutschland und die Deutsche Demokratische Republik?

… schlossen sich mehrere Fürstentümer und freie Städte zu einem Deutschen Bund zusammen?

… traten die süddeutschen Staaten dem Norddeutschen Bund bei?

… vereinigten sich die beiden deutschen Staaten?

… wurde das Deutsche Reich errichtet?

… wurde der Norddeutsche Bund gebildet?

… wurde die Weimarer Republik gegründet?

… brach das Heilige Römische Reich Deutscher Nation zusammen?

Ergänzen Sie die nachstehende Tabelle im Nominalstil:

1806	*Zusammenbruch des Heiligen Römischen Reiches Deutscher Nation*
1815	
1867	
1871	
1919	
1933	
1945	
1949	
1990	

A13 Erläutern Sie die Überschrift des Textes „Einheit nach außen, Vielfalt nach innen" in A 10.

A14 Welchen Zusammenhang sehen Sie zwischen der historischen Entwicklung Deutschlands und der heutigen Form des Föderalismus in Deutschland? Welche Vor- und Nachteile hat Ihrer Meinung nach die föderalistische Struktur Deutschlands? Vergleichen Sie auch mit Ihrem Heimatland.

i

Wenn Sie mehr über den Föderalismus und deutsche Politik wissen möchten, können Sie bei folgenden Institutionen und Parteien Informationsmaterial anfordern:

Presse- und Informationsamt der Bundesregierung, Postfach 21 60, D-53113 Bonn
http://www. bundesregierung.de

Pressestelle des Deutschen Bundestages, D-53113 Bonn

Bundeszentrale für politische Bildung, Berliner Freiheit 7, Postfach 23 25, D-53013 Bonn

Sozialdemokratische Partei Deutschlands (SPD), Erich-Ollenhauer-Haus, Ollenhauerstr. 1, D-53113 Bonn
http://www. SPD.de

Christlich-Demokratische Union Deutschlands (CDU), Konrad-Adenauer-Haus, Friedrich-Ebert-Allee 73 - 75, D-53113 Bonn
http://www. CDU.de

Christlich Soziale Union in Bayern (CSU), Franz-Josef-Strauß-Haus, Nymphenburger Str. 64 - 66, D-80335 München
http://www. CSU.de

Freie Demokratische Partei (FDP), Thomas-Dehler-Haus, Baunscheidtstr. 15, D-53113 Bonn
http://www. FDP.de

Die Grünen, Postfach 1422, Colmantstr. 36, D-53115 Bonn
http://www. Grüne-Berlin.de

Bündnis 90/Die Grünen (B90/Gr), Haus der Demokratie, Friedrichstr. 165, D-10117 Berlin
http://www. B90/Gr.de

Partei des Demokratischen Sozialismus (PDS), Kleine Alexanderstr. 28, D-10178 Berlin
http://www. PDS.de

Deutschland und Europa

Mit ähnlichen Anzeigen wie der folgenden wird in Deutschland für die Vorteile der Europäischen Union geworben.

B1

In ihrer Heimat gibt es mehr als 20 Sprachen, 4 Meere und 370 Mio. Mitmenschen

☞ Wenn sie erst einmal groß ist, wird sie in der Europäischen Union persönliche und wirtschaftliche Chancen nutzen können, von denen ihre Großeltern nur träumen konnten. Vielleicht wird sie schon im Kindergarten Englisch lernen, ihre Schulausbildung an einer zweisprachigen Schule absolvieren, später in Oxford studieren, ein Praktikum in Frankreich machen und irgendwann als Europa-Juristin für eine italienische Firma mit Sitz in München arbeiten.

➢ Sicher, bis alles harmonisch und problemlos funktioniert, gibt es noch einiges zu tun. Aber wenn die junge Dame und ihre Altersgenossen aus den Windeln heraus sind, wird man die

Probleme von heute sicher in einem anderen Licht sehen. Viele werden dann nicht mehr auf die Freizügigkeit verzichten

wollen, die ihnen der Binnenmarkt und die Wirtschaftsunion als Verbrauchern, Touristen, Arbeitnehmern oder Unternehmern ermöglicht haben.

✆ Wenn Sie mehr über Europa wissen wollen, schreiben Sie an: Bundesministerium für Wirtschaft, Referat Öffentlichkeitsarbeit, 53107 Bonn.

Wir schicken Ihnen gern Informationsmaterial zu. Mit vielen Tipps für kleine und große Europäer.

Ihre Fragen zur Europäischen Union beantworten wir am Euro-Telefon in unserer Außenstelle Berlin unter der Telefon-Nr.: 030/234-1992.

DAS BUNDESMINISTERIUM INFORMIERT

Welche persönlichen und wirtschaftlichen Chancen bietet laut Anzeige die Europäische Union ihren Bewohnern?

B2

In der Überschrift der Anzeige heißt es, dass in der Europäischen Union (EU) mehr als 20 Sprachen gesprochen werden. Insgesamt sind gegenwärtig 15 Länder Mitgliedsstaaten der EU.

Schreiben Sie in Partnerarbeit auf, welche Länder gegenwärtig zur EU gehören und welche Sprachen dort gesprochen werden.

B3 ▶ Die 370 Millionen Bürger der EU verteilen sich sehr ungleichmäßig auf die einzelnen Staaten. Es gibt die „großen" Staaten mit mehr als 40 Millionen Einwohnern und die „kleinen", die meist nur 10 Millionen oder weniger Einwohner haben. Es geht also immer auch um einen fairen Ausgleich zwischen den „Großen" und den „Kleinen".

Machen Sie eine Liste der großen und der kleinen EU-Mitgliedsstaaten.

Die „Großen": _____

_____

Die „Kleinen": _____

_____

_____

_____

B4 ▶ Kontrollieren Sie Ihre Antworten zu den Fragen in B 2 und B 3 anhand des folgenden Schaubilds.

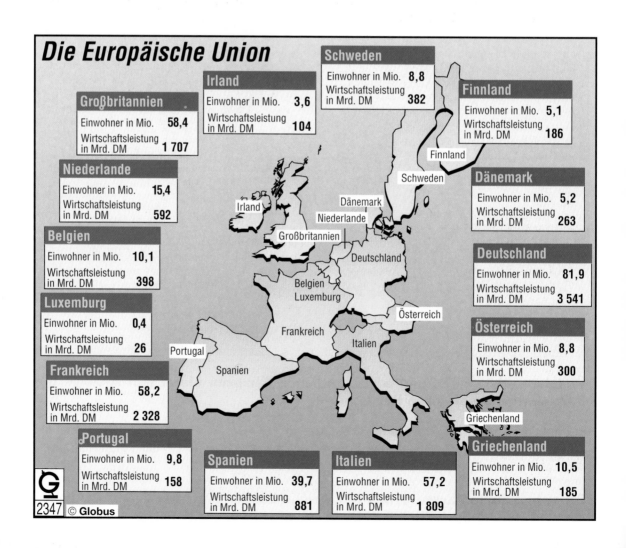

Die Europäische Union

Schweden
Einwohner in Mio. **8,8**
Wirtschaftsleistung in Mrd. DM **382**

Irland
Einwohner in Mio. **3,6**
Wirtschaftsleistung in Mrd. DM **104**

Finnland
Einwohner in Mio. **5,1**
Wirtschaftsleistung in Mrd. DM **186**

Großbritannien
Einwohner in Mio. **58,4**
Wirtschaftsleistung in Mrd. DM **1 707**

Niederlande
Einwohner in Mio. **15,4**
Wirtschaftsleistung in Mrd. DM **592**

Dänemark
Einwohner in Mio. **5,2**
Wirtschaftsleistung in Mrd. DM **263**

Belgien
Einwohner in Mio. **10,1**
Wirtschaftsleistung in Mrd. DM **398**

Deutschland
Einwohner in Mio. **81,9**
Wirtschaftsleistung in Mrd. DM **3 541**

Luxemburg
Einwohner in Mio. **0,4**
Wirtschaftsleistung in Mrd. DM **26**

Österreich
Einwohner in Mio. **8,8**
Wirtschaftsleistung in Mrd. DM **300**

Frankreich
Einwohner in Mio. **58,2**
Wirtschaftsleistung in Mrd. DM **2 328**

Portugal
Einwohner in Mio. **9,8**
Wirtschaftsleistung in Mrd. DM **158**

Spanien
Einwohner in Mio. **39,7**
Wirtschaftsleistung in Mrd. DM **881**

Italien
Einwohner in Mio. **57,2**
Wirtschaftsleistung in Mrd. DM **1 809**

Griechenland
Einwohner in Mio. **10,5**
Wirtschaftsleistung in Mrd. DM **185**

2347 © Globus

Es gibt noch keine Vereinigten Staaten von Europa und auch noch keine europäische Hauptstadt. Aber es gibt drei Städte, die die wichtigsten europäischen Institutionen beherbergen.

B5

Ergänzen Sie die Städtenamen *Brüssel, Luxemburg, Straßburg*.

_____ : Sitz des europäischen Parlaments

_____ : Sitz der Europäischen
Kommission, des Ministerrates
und des Europäischen Rates

_____ : Sitz des Europäischen
Gerichtshofs

Testen Sie Ihr Wissen über Europa! Die folgenden Fragen wurden veröffentlicht, als Finnland, Schweden und Österreich noch nicht der EU beigetreten waren. Da die Fragen aus einer Frauenzeitschrift stammen, beziehen sich viele auf die Situation der Frauen in den Ländern der EU. Es geht nicht so sehr um die große Politik, sondern um die großen und kleinen Unterschiede im Alltag.

B6

Markieren Sie die Antworten, die Ihrer Meinung nach richtig sind. Die Lösungen finden Sie auf Seite 51.

Europa-Quiz: Wie gut kennen Sie sich aus?

1. In welchem EG-Land arbeiten die meisten Frauen?
- ☐ Dänemark
- ☐ Deutschland
- ☐ Spanien

2. Können Bewohner von EU-Ländern in jedem anderen EU-Land ohne Arbeitserlaubnis jobben?
- ☐ Ja
- ☐ Nein

3. Wohin zieht es die meisten Deutschen, die im Ausland arbeiten?
- ☐ Italien
- ☐ Frankreich
- ☐ Spanien

4. Wo ist die Berufstätigkeit von Müttern fast selbstverständlich?
- ☐ Frankreich
- ☐ Dänemark
- ☐ Deutschland

5. Wo verdienen Frauen im Vergleich zu Männern am meisten?
- ☐ Deutschland
- ☐ Dänemark
- ☐ Italien

6. Wie hoch ist der durchschnittliche Frauenanteil an der erwerbstätigen Bevölkerung in der EG
- ☐ 50%
- ☐ 36%
- ☐ 40%

7. Welches Land bietet Frauen den längsten bezahlten Babyurlaub vor und nach der Geburt?
- ☐ Griechenland
- ☐ Dänemark
- ☐ Portugal

8. Wo sind die Lebenshaltungskosten im Vergleich zum Einkommen am höchsten?
- ☐ Deutschland
- ☐ Frankreich
- ☐ Spanien

9. Wo ist die Geburtenrate am höchsten?
- ☐ Italien
- ☐ Irland
- ☐ Dänemark

10. Wo gilt Ehrgeiz als Untugend?
- ☐ Italien
- ☐ Frankreich
- ☐ Griechenland

11. Wo wird Toleranz besonders großgeschrieben?
- ☐ Spanien
- ☐ Luxemburg
- ☐ Niederlande

12. In welchem Land teilen sich die Männer am häufigsten die Hausarbeit mit Frauen?
- ☐ Niederlande
- ☐ Dänemark
- ☐ Deutschland

B7 ▶ **In welchen der Quizfragen in B 6 wird etwas über die folgenden Themen gesagt? Schreiben Sie die entsprechenden Zahlen hinter das jeweilige Thema.**

Mutterschaft, Hausarbeit: _____

Berufstätigkeit: _____

Verhaltensweisen/Einstellungen: _____

B8 ▶ **In welchem Land Europas möchten Sie am liebsten wohnen? Geben Sie die Gründe an.**

B9 ▶ Vor 1200 Jahren gab es unter Karl dem Großen schon einmal für kurze Zeit ein vereinigtes Europa. Nach dem Ersten Weltkrieg fasste der Europa-Gedanke wieder Fuß. Doch erst Anfang der fünfziger Jahre nahm dieser Gedanke praktische Gestalt an.

1. Welche Stationen auf dem Weg zur Europäischen Union (EU) kennen Sie? Notieren Sie in Partnerarbeit Ereignisse und Daten und vergleichen Sie anschließend Ihre Ergebnisse im Plenum.

2. Tragen Sie die folgenden Ereignisse in das Kästchen mit der jeweils richtigen Jahreszahl ein.

> Abschaffung der Zölle innerhalb der EWG: Beginn der Zollunion * EG-Beitritt Dänemarks, Irlands und Großbritanniens * Beitritt Finnlands, Österreichs und Schwedens zur EU * EG-Beitritt Spaniens und Portugals * Schaffung des Europäischen Währungssystems - Erste Direktwahl des Europa-Parlaments * Römische Verträge: Gründung der Europäischen Wirtschaftsgemeinschaft (EWG) durch B, D, F, I, L und NL * Vertrag von Maastricht über die Europäische Union

Meilensteine der Europäischen Einigung

1952 Gründung der Europäischen Gemeinschaft für Kohle und Stahl	1973 EG-Beitritt von _____ _____ _____	1986 EG-Beitritt von _____ _____ _____
1957 Römische Verträge: _____ _____ _____	1979 _____ _____ _____	1992 Vertrag von _____ _____ _____
1968 Abschaffung _____ _____ _____	1981 EG-Beitritt Griechenlands	1995 EU-Beitritt von _____ _____ _____

3. Welche Meilensteine halten Sie für die wichtigsten? Begründen Sie Ihre Meinung.

Im Text unten werden einige Personen genannt, die den Weg zu einem vereinten Europa gebahnt haben.

B10 Ta

1. Lesen Sie zunächst die Kurzbiographien dieser Personen.

Graf Coudenhove-Kalergi (1894-1972)

Österr.-ungar. Herkunft, begründete die Paneuropa-Bewegung (1923), deren Programm und Ziele er in dem Buch »Paneuropa« beschrieb. C. war nach dem 2. Weltkrieg Generalsekretär der Europäischen Parlamentarier-Union und von 1952-1965 Ehrenpräsident der europäischen Bewegung.

Aristide Briand (1862-1932)

Mitbegründer der Sozialistischen Republikanischen Partei in Frankreich. B. war mehrmals Ministerpräsident und Außenminister. Suchte Ausgleich mit Deutschland (Locarno-Verträge). Erhielt 1926 zusammen mit G. Stresemann den Friedensnobelpreis. Formulierte erste Ideen für eine Verbindung der europäischen Staaten.

Gustav Stresemann (1878-1929)

Abgeordneter im Deutschen Reichstag, Vorsitzender der Deutschen Volkspartei 1918-1929. Ministerpräsident 1923, danach Außenminister. Suchte zusammen mit dem französischen Außenminister A. Briand eine Verständigung zwischen Deutschland und Frankreich. Erhielt mit diesem zusammen den Friedensnobelpreis (1926).

Sir Winston Churchill (1874-1965)

Steile politische Karriere in jungen Jahren: britischer Heeres- und Kolonialminister, 1924-29 Schatzkanzler. 1940-45 Premierminister. Plädierte nach dem 2. Weltkrieg für eine europäische Einigung (ohne Großbritannien). 1951-55 wieder Premierminister. Erhielt 1953 den Nobelpreis für Literatur.

Robert Schuman (1886-1963)

Mitglied der französischen Resistance-Bewegung im 2. Weltkrieg. 1947/48 Ministerpräsident, 1948-53 französischer Außenminister. Entwickelte den Schuman-Plan für eine Europäische Gemeinschaft für Kohle und Stahl (Montanunion) als Vorläufer der Europäischen Wirtschaftsgemeinschaft. Präsident des Europa-Parlaments 1958-60.

Konrad Adenauer (1876-1967)

Oberbürgermeister von Köln. Als Gegner des Nationalsozialismus 1933 aus dem Amt entlassen. 1949-63 erster Bundeskanzler der BRD. 1950-66 Vorsitzender der CDU. Förderte die Integration Deutschlands in den Westen und die Einigung Europas. Der Deutsch-Französische Vertrag (1963) war die Basis für diese Integration.

Alcide de Gasperi (1881-1954)

Nach 1918 im italienischen Parlament. Als Gegner des Faschismus einige Jahre in Haft. Mitbegründer der Democrazia Christiana im 2. Weltkrieg. 1945-53 italienischer Ministerpräsident. Vorkämpfer für die wirtschaftliche und politische Einigung Europas.

Jean Monnet (1888-1979)

In den zwanziger Jahren im Völkerbund aktiv. Mitbegründer der französischen Befreiungskomitees in Algerien. Regte den »Schuman-Plan« zur Gründung der Montanunion an. M. war 1952-55 Vorsitzender der Montanunion. Gründete 1955 das »Aktionskomitee für die Vereinigten Staaten von Europa«.

2. Schreiben Sie die Länder auf, aus denen die Politiker stammen.

Name	Herkunftsland
Graf Coudenhove-Kalergi	
Aristide Briand	
Gustav Stresemann	
Sir Winston Churchill	
Robert Schuman	
Konrad Adenauer	
Alcide de Gasperi	
Jean Monnet	

3. Welches Ereignis oder welche Ereignisse waren Ihrer Meinung nach für das Europa-Engagement dieser Politiker entscheidend? Begründen Sie Ihre Meinung.

B11

Die politisch wichtigste Entscheidung der neunziger Jahre war der Vertrag von Maastricht über die Europäische Union. Danach, aber auch schon vorher, gab es zunehmend Unmut und Verärgerung über die Verringerung der Souveränitätsrechte und die »Brüsseler Bürokraten«. In diesem Kontext ist der folgende Artikel geschrieben worden.

Europa

»Während im Osten 290 Millionen Bürger die gemeinsame Währung abschaffen, soll für 350 Millionen Westeuropäer eine solche eingeführt werden. Eine Mammutbürokratie unternimmt es, Europa bis in den letzten Winkel zu dirigieren und selbst die Käsesorten vorzuschreiben. Man könnte glauben, das Politbüro sei von Moskau nach Brüssel umgezogen.«

Herbert Gruhl (70) im Spiegel-Essay
»Die Menschheit ist am Ende«

1. Diskutieren Sie die Überschrift des folgenden Artikels. Wie würden Sie die Frage beantworten?
2. Vergleichen Sie Ihre Antwort mit dem Inhalt des Textes. Welche Antwort gibt der Text?

Europa - Schreckensbild oder Horizont der Hoffnung?

Die Europa-Idee ist älter als der Kalte Krieg. Sie entstand in den blutigen Schlachten des Ersten Weltkrieges; Männer wie Graf Coudenhove-Kalergi, Aristide Briand, Gustav
5 Stresemann verfochten sie in den zwanziger Jahren mit Enthusiasmus. Nach dem Zweiten Weltkrieg gab Winston Churchill dem Gedanken aufs neue Gestalt und Richtung. Im September 1946 forderte er in Zürich:
10 »Wir müssen die europäische Familie in einer regionalen Struktur neu schaffen, die vielleicht die Vereinigten Staaten von Europa heißen wird.«

Großbritanniens Platz sah Churchill zwar
15 außerhalb dieser Struktur; die Partnerschaft zwischen Frankreich und Deutschland aber betrachtete er als Voraussetzung für das »Wiederaufleben Europas«. Robert Schuman, Konrad Adenauer, Alcide de
20 Gasperi – sie wurden in der Praxis die Paten dieses Prozesses; hinter ihnen stand Jean Monnet als unermüdlicher Impulsgeber.
Die europäische Idee war nicht in erster Linie ein Instrument zur Abwehr des ex-
25 pansiven Kommunismus, vielmehr verhieß sie den Europäern jenseits der Gräben und

Max Beckmann: „Raub der Europa" (1933)

Gräber einen Horizont der Hoffnung. Sie brauchen ihn auch heute noch, ja: erst recht, seitdem Osteuropa die Fesseln der sowjeti-
30 schen Vorherrschaft und der marxistischen Diktatur abgestreift hat. Bisher marschierten die Mitglieder der Europäischen Gemein-schaft auf allen wesentlichen Feldern mit der gleichen Geschwindigkeit. Je größer die
35 Gemeinschaft wird, desto unausweichlicher wird auch ihre Differenzierung. Verschiedene Staaten werden sich in verschiedenem Marschtempo bewegen. Nicht alle werden sämtliche Ziele akzeptieren – überhaupt
40 oder gleich. Es wird nicht nur verschiedene Geschwindigkeiten geben, sondern auch ver-schiedene Integrationsebenen. Das künftige Europa wird differierende Grade der Dichte und Härte aufweisen. Wer es anders will, lädt
45 zum Stillstand ein.
Die Europäer dürfen den »Weg ohne Umkehr« (Jean Monnet) nicht verlassen. Täten sie es, sie würden nicht mehr ernst genommen. Sie könnten Osteuropa und den
50 Völkern der früheren Sowjetunion nicht hel-

fen. Und es ließe sich nicht ausschließen, dass sich abermals die Pandora-Büchse der eige-nen Vergangenheit öffnete.
Die Schwerkraft der Geschichte müssen vor
55 allem die Deutschen fürchten. Hans Dietrich Genscher hat Recht: »Ein in der Europäi-schen Gemeinschaft fest verankertes Deutschland wird von niemandem als Bedrohung empfunden. Ein Deutschland der
60 europäischen Verweigerung würde bald sehr alleine sein. Es würde kalt werden – eiskalt – um Deutschland«. Nur die Europäische Union bietet allen Schutz vor der Wieder-kehr der Geschichte.
65 Es ist Zeit, sich auf die Ursprünge der europäischen Idee zu besinnen. Sie ist und bleibt das eigentlich neue geschichtliche Element nach 1945. Wer dahinter zurück-fällt, liefert die Alte Welt aufs neue den
70 Gespenstern der Vergangenheit aus.

(Quelle: Die Zeit, Theo Sommer)

Welche Zeilen des Textes entsprechen inhaltlich den folgenden Aussagen?

B12

Zeile

1. Der Europa-Gedanke war ein Ergebnis des Weltkrieges von 1914–1918. _____
2. Nach Krieg und Tod setzten viele Menschen ihre Hoffnung auf Europa. _____
3. Nach dem Zweiten Weltkrieg war die deutsch-französische Verständigung
   die Grundlage der europäischen Einigung. _____
4. Wenn die Europäische Gemeinschaft weiter wächst, sind Unterschiede
   nicht zu vermeiden. _____
5. Durch die Einigung Europas kann eine Wiederholung der europäischen
   Vergangenheit verhindert werden.

B13 Mit welchen Argumenten plädiert der Autor für eine weitere Vereinigung Europas? Unterstreichen Sie die entsprechenden Textstellen. Stimmen Sie dem Autor zu?

B14 In welchem Teil des Textes wird inhaltlich ein Europa der zwei Geschwindigkeiten diskutiert? Halten Sie dieses Modell für realistisch, wenn Sie an andere Bündnisse in der Geschichte bzw. in der Geschichte Ihres Landes denken?

B15 Diskutieren Sie die Vor- und Nachteile einer Erweiterung der Europäischen Union.

B16 In den bisherigen Schritten zur Vereinigung Europas haben wirtschaftliche Überlegungen im Vordergrund gestanden. Erst relativ spät hat man sich Gedanken über die soziale und kulturelle Vereinigung Europas gemacht. Der Biologe Hubert Markl plädiert im folgenden Text für die Herausbildung einer europäischen Elite, weil man nicht als Europäer geboren wird.

Europa will gelernt sein
Statt fragwürdiger Agrarsubventionen sollte die EG Europa-Universitäten finanzieren

Der Soziologe Wolf Lepenies und der Biologe Hubert Markl schreiben im Wechsel alle zwei Wochen für DIE ZEIT. Diesmal: Hubert Markl

5 Wer will, dass Europa einig wird, der muss wieder „europäisch lernen". Denn zum Europäer wird niemand geboren, das will geübt sein. [...]
Es wäre eine Aufgabe, sich darum zu küm-
10 mern, dass kluge junge Italienerinnen und Iren, Franzosen und Deutsche, Schwedinnen und Schweizer lernen, vor allem dies zu wer-den: tüchtige Europäer! Und dies bei den besten, europafreudigsten wissenschaftlichen
15 Lehrern, die sich vom Nordkap bis Andalusien, von der Bretagne bis nach Osteuropa finden lassen. Was das sich eini-gende Europa außer offenen Grenzen mehr als alles andere braucht, sind Führungskräfte in
20 allen Gesellschaftsbereichen, die ganz selbst-verständlich als Europäer fühlen, denken und handeln, selbst wenn sie dabei immer Holländer, Schotten oder Polen bleiben.

Ich stelle mir ein lose verbundenes Netzwerk
25 von zwanzig bis dreißig Europa-Universitäten oder Eurokollegien vor, die sich als Zentrum von Lehre und Forschung im europäischen Geist über den ganzen Kontinent verbreiten. [...]
30 Wenn die EG dafür nur eine Milliarde ECU als ihren Anteil aufbrächte – etwa so viel, wie sie jetzt ausgibt, um aus überflüssigem Wein Industriesprit zu destillieren –, dann könnte davon, richtig eingesetzt, auf längere Frist
35 eine gewaltige Wirkung auf die Einigung Europas ausgehen. Denn Europa wird es nur geben, wenn es genügend Menschen gibt, die in seinem Geist erzogen sind.

(Quelle: DIE ZEIT)

B17 Was müsste nach Ansicht des Autors getan werden, um die europäische Einigung zu fördern? Markieren Sie die Textstellen, die auf diese Frage Antwort geben.

B18 Sammeln Sie in der Gruppe Eigenschaften, die Ihrer Meinung nach ein „tüch-tiger Europäer" haben müsste.

Was müsste an den Universitäten gelehrt und gelernt werden, um „tüchtige Europäer" auszubilden? Sammeln Sie Vorschläge in der Gruppe. ◄ B19

Diskutieren Sie den folgenden Satz des früheren Präsidenten der EG-Kommission, Walter Hallstein: ◄ B20 ??

> „Europa ist keine Neuschöpfung,
> es ist eine Wiederentdeckung."

Informationen zum Thema „Deutschland und Europa" erhalten Sie u. a. unter folgenden Anschriften:

Bundesministerium für Wirtschaft, Referat Öffentlichkeitsarbeit, 53107 Bonn.

Vertretung der Europäischen Kommission in der Bundesrepublik Deutschland, Zittelmannstr. 22, 53113 Bonn

Lösungen zu B 6

1. Dänemark 78%	7. Dänemark 18 Wochen (D 14 Wochen)
2. Ja.	8. Spanien
3. Frankreich	9. Irland 2,2 (D 1,5)
4. Dänemark 91 %	10. Italien
5. Dänemark 86 % vom Männergehalt (D 73 %)	11. Niederlande
6. 40 %	12. Niederlande (17 % Männer-Teilzeitarbeit, D 2,5%)

Arbeitsamt

16

4

Wirtschaft

Arbeit ist das halbe Leben

①

②

④

③

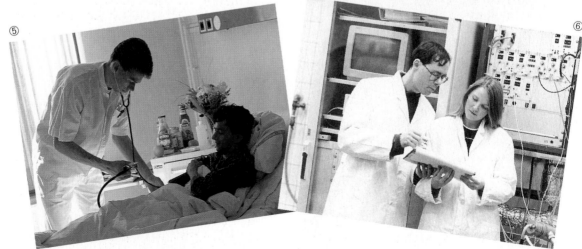

⑤

⑥

Die Fotos auf Seite 54 zeigen Personen, die in den drei Wirtschaftsbereichen Landwirtschaft, Industrie und Dienstleistung arbeiten. Im Dienstleistungsbereich tätige Personen sind z. B. bei Banken, Handels- oder Transportunternehmen, Reisebüros oder im Öffentlichen Dienst beschäftigt.

1. Beschreiben Sie die Fotos und ordnen Sie sie den einzelnen Bereichen zu. ◄ A1

	Foto 1	Foto 2	Foto 3	Foto 4	Foto 5	Foto 6
Landwirtschaft						
Industrie						
Dienstleistung						

2. In welchem Bereich arbeiten in Ihrem Land die meisten Menschen?

3. Was schätzen Sie: In welchem Bereich arbeiten heute die meisten Menschen in Deutschland? In welchem Bereich waren vor 100 Jahren die meisten beschäftigt? Tragen Sie Ihre Schätzungen in die nachstehende Tabelle ein:

Beschäftigte in %	heute	vor 100 Jahren
Landwirtschaft		
Industrie		
Dienstleistung		

◄ A2 Ta

Industrie	Landwirtschaft
1900 Die Industrialisierung ist auf dem Vormarsch. Fabriken beschäftigen rund 8 Millionen Menschen, ein Drittel aller Erwerbstätigen. Wichtigste Zweige sind die Stahl- und Textilindustrie. Im Ruhrgebiet fördern rund 190 Zechen mit mehr als einer viertel Million Bergarbeitern Kohle.	**1900** Ein Drittel der Bevölkerung arbeitet in der Landwirtschaft, meist mit der Hand und einfachen technischen Mitteln. Der Durchschnittsertrag bei Weizen beträgt 38 Zentner je Hektar. Hauptnahrungsmittel sind Kartoffeln, Brot und Hülsenfrüchte. Fleisch können sich die meisten nur zwei- bis dreimal pro Woche leisten.
2000 Etwa die Hälfte der rund 36 Millionen Erwerbstätigen arbeitet im Dienstleistungsbereich. In der Industrie sind es nur noch knapp 10 Millionen. Wichtigste Zweige: Auto- und Elektroindustrie, Maschinenbau, Chemie, Energie. Der Bergbau war in den letzten Jahren am stärksten vom Beschäftigungsrückgang betroffen. Im Ruhrgebiet gab es 1995 nur noch 13 Zechen. Ein Drittel des Stroms kommt aus Kernkraftwerken.	**2000** Nur noch 3 Prozent der Erwerbstätigen arbeiten im Agrarbereich, überwiegend in Großbetrieben. Aber immer noch werden mehr als 50 Prozent der Fläche landwirtschaftlich genutzt. Der durchschnittliche Hektarertrag bei Weizen liegt bei 120 Zentnern. Immer mehr genmanipulierte Nahrungsmittel kommen auf den Markt. *(Quelle: Die Woche Extra)*

5   10   15   20   25   30   35

A3 ▶ **Was hat sich in den vergangenen 100 Jahren verändert? Ergänzen Sie die folgende Tabelle mit Hilfe der vorangegangenen Texte. Beschreiben Sie dann die Veränderungen mit eigenen Worten.**

	1900	2000
Beschäftigte in %: a) Landwirtschaft		
b) Industrie		
c) Dienstleistung		
Wichtigste Industriezweige		
Zechen im Ruhrgebiet		
Landwirtschaftlich genutzte Fläche		
Hektarertrag bei Weizen		

A4 ▶ Der Wandel von der Industrie- zur Dienstleistungsgesellschaft hat sich in Deutschland vor allem in den vergangenen beiden Jahrzehnten vollzogen. Nur noch jeder dritte Erwerbstätige arbeitet in der Produktion. Experten rechnen damit, dass auch in den kommenden Jahren weitere Arbeitsplätze in der Industrie verloren gehen werden.

Branche	Arbeitsplätze 1991	Arbeitsplätze 1994	Differenz in %	Tendenz
MASCHINEN-BAU	1 392 498	966 745	-30,6	
ELEKTRO-TECHNIK	1 256 127	948 347	-24,5	
FAHRZEUG-BAU	981 077	784 045	-20,1	
CHEMIE	716 734	569 998	-20,5	
ERNÄHRUNGS-GEWERBE	623 079	531 875	-14,6	
TEXTIL/BEKLEIDUNG	502 297	291 696	-41,9	

MILLIONEN JOBS GESTRICHEN

DEM MASCHINENBAU gingen durch die starke Mark Milliarden an lukrativen Exportaufträgen verloren. Konsequenz: knapp eine halbe Million weniger Beschäftigte

ANDERE BRANCHEN litten ähnlich. Nur die Nahrungsmittelhersteller schlugen sich wacker: Gegessen wird auch in der Flaute

Diskutieren Sie in Gruppen, welche Ursachen und Folgen diese Entwicklung haben könnte.

Verlust von Industriearbeitsplätzen in Deutschland	
Ursachen	Folgen

Vergleichen Sie Ihre Ergebnisse mit den Aussagen des folgenden Textes.

A5 Ta

Stichwort: Wirtschaftlicher Strukturwandel – Das Experten-Interview

Wie in vielen anderen Industrieländern hat sich in den vergangenen Jahrzehnten auch in der Bundesrepublik die Wirtschaftsstruktur gewandelt. In Landwirtschaft und Industrie ist die Beschäftigtenzahl zurückgegangen, im Dienstleistungsbereich und im Öffentlichen Dienst dagegen angestiegen. Was hat diese Veränderungen verursacht, und wie wirken sie sich aus? Das Wirtschaftsjournal *Wirtschaft heute* sprach mit der Wirtschaftsexpertin Barbara Grünisch.

Frau Grünisch, worin sehen Sie die wesentlichen Ursachen für den wirtschaftlichen Strukturwandel der letzten Jahre?

Nun, eine der Hauptursachen ist sicherlich die technologische Entwicklung, die immer schneller voranschreitet. Sie ermöglicht die Automatisierung vieler handwerklicher Tätigkeiten. Dadurch können Arbeitskräfte eingespart werden. Hinzu kommt: Die Konkurrenz schläft nicht. Viele Produkte, wie z. B. Stahl, werden mittlerweile von ausländischen Herstellern preiswerter angeboten, weil die Lohnkosten in anderen Ländern niedriger sind. Das ist auch ein Grund dafür, dass immer mehr deutsche Hersteller mit dem Gedanken spielen, ihre Produktion ins Ausland zu verlagern, oder es bereits getan haben. Auch das trägt zum Verlust von Arbeitsplätzen bei.

Auf der anderen Seite sind z. B. im Dienstleistungsbereich aber doch auch eine Reihe neuer Arbeitsplätze entstanden.

Das ist richtig. Doch nicht alle, die ihren Arbeitsplatz in der Industrie verlieren, können in einem anderen Bereich tätig werden. Das zeigt sich ganz deutlich in den östlichen Bundesländern.

Inwiefern?

Nun ja, dort ging nach der Vereinigung fast die Hälfte aller Industriearbeitsplätze verloren. Obwohl viele neue Arbeitsplätze im Dienstleistungsbereich entstanden, stieg die Arbeitslosigkeit sprunghaft an.

Wodurch kam es denn zu diesem hohen Verlust an Arbeitsplätzen in der Industrie?

Das Wirtschaftssystem der DDR, die Planwirtschaft, hatte deutliche Spuren hinterlassen. Ein Großteil der Industrieanlagen war überaltert und nicht mehr wettbewerbsfähig. Wo sich eine Sanierung aus Kostengründen nicht mehr lohnte, wurden sie stillgelegt. Außerdem gingen durch die politischen und wirtschaftlichen Veränderungen in den Ländern des ehemaligen Ostblocks wichtige Absatzmärkte der DDR verloren.

Glauben Sie, dass sich der Abbau von Arbeitsplätzen in der Industrie in den nächsten Jahren fortsetzen wird?

Ich fürchte ja. Arbeitslosigkeit wird langfristig sicherlich ein Problem bleiben. Deshalb muss über Möglichkeiten nachgedacht werden, wie sich die vorhandene Arbeit gerechter verteilen lässt.

Vielen Dank für dieses Gespräch.

(Quelle: Wirtschaft heute)

A6 Stellen Sie die Hauptaussagen des Interviews in Stichworten zusammen. Machen Sie dann aus dem Interview einen Bericht.

Sp A7 ## Verben der Veränderung; Beschreibung von Diagrammen

Das Interview in A 5 enthält einige Verben und Nomen, die ausdrücken, dass eine Zahl oder eine Menge größer oder kleiner wird. Hierzu gehören z. B. die Verben **ansteigen** oder **zurückgehen** bzw. die daraus abgeleiteten Nomen der **Anstieg** und der **Rückgang**. Weitere Verben dieser Art sind z. B. *abnehmen, fallen, sich erhöhen, sich vergrößern, sich vermindern, sich verringern, verkleinern, schrumpfen, steigen oder zunehmen.*

Welche dieser Verben drücken eine Vergrößerung (↗) oder eine Verkleinerung (↘) aus? Ordnen Sie die Verben nach diesen beiden Kategorien und tragen Sie sie in die folgende Liste ein. Bilden Sie die entsprechenden Nomen.

↗	Verb	Nomen
1.	ansteigen	der Anstieg
2.		
3.		
4.		
5.		

↘	Verb	Nomen
1.	zurückgehen	der Rückgang
2.		
3.		
4.		
5.		
6.		
7.		

A8 Beschreiben Sie anhand des Diagramms auf Seite 59, wie sich die Arbeitslosigkeit in der Bundesrepublik entwickelt hat. Vervollständigen Sie gegebenenfalls das Diagramm mit aktuellen Zahlen. Klären Sie die Bedeutungen der Adjektive und Adverbien und verwenden Sie für Ihre Beschreibung die nachstehend angegebenen Redemittel.

	nahm		dramatisch	zu.
	stieg		rapide	(an).
Von ... bis ...	erhöhte sich		stark	_____ .
Im Jahre ...	veränderte sich	die Zahl der Arbeitslosen	deutlich	_____ .
	sank		geringfügig	_____ .
	verringerte sich		leicht	_____ .
	fiel		kaum	_____ .
	ging		nicht	zurück.

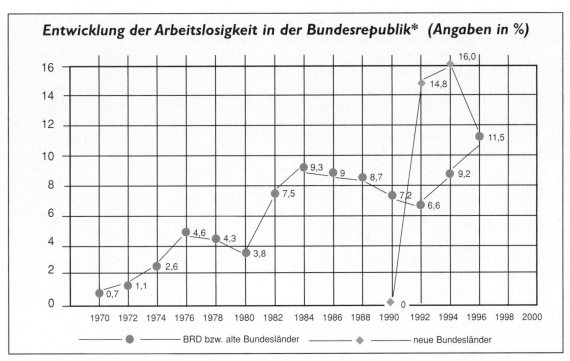

Entwicklung der Arbeitslosigkeit in der Bundesrepublik* *(Angaben in %)*

● — BRD bzw. alte Bundesländer ◆ — neue Bundesländer

* Bei der Erstellung von amtlichen Statistiken vollzog sich die Vereinigung der beiden deutschen Staaten langsamer als in der Realität. Bis 1995 wurden sie getrennt nach Ost und West berechnet, weil die Unterschiede zwischen neuen und alten Bundesländern zu groß waren.

Für viele Menschen in den neuen Bundesländern war die Arbeitslosigkeit eine neue und bittere Erfahrung, denn dieses Problem hatte es in der DDR fast nicht gegeben. Frauen waren meistens die ersten, die ihren Arbeitsplatz verloren.

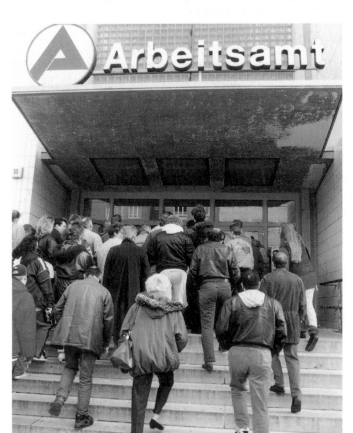

1. **Diskutieren Sie die Probleme, die Arbeitslosigkeit mit sich bringt.**

2. **Überlegen Sie, wie sich eine Person fühlt, die ihren Arbeitsplatz verloren hat. Sammeln Sie Adjektive, mit denen sich diese Gefühle beschreiben lassen.**

3. **Vergleichen Sie Ihre Einschätzungen mit dem folgenden Text, in dem eine Frau, die ihren Arbeitsplatz verloren hat, ihre Gedanken wiedergibt.**

Arbeitslos: Gedanken einer betroffenen Frau

„Du hast gut reden, aber wenn es Dich erwischt, sieht es ganz anders aus ... Wie sieht es aus – arbeitslos – mutlos – aussichtslos –
5 sinnlos? Das scheint der normale Lauf der Dinge, wenn es mich „erwischt" hat, der Betrieb dichtmacht, die Firma keine Aufträge mehr hat, die Abteilung ihre Mitarbeiterzahl reduzieren muss. Am Anfang mag es noch gehen, eine Pause kann nur gut tun ...
10 Aber wenn die Papiere dann ausgefüllt und in die Kartei eingeordnet sind zwischen den vielen anderen, der Berufsberater beim Arbeitsamt zugibt, dass es so einfach nicht werden wird ... da beginnen die Zweifel. Ob es überhaupt eine Chance auf neue Arbeit gibt – ob
15 ich nicht doch zu alt, zu jung, zu dumm, zu klug, zu über- oder unterqualifiziert, zu kinderreich und jedenfalls entschieden zu weiblich, mit einem Wort – schwer zu vermitteln
20 bin?
Bei diesen trüben Aussichten ist es kein

Wunder, wenn auch die Stimmung trüb wird, ja wozu denn auf das Amt laufen, sich abmühen, Zeitung lesen – es hat keinen
25 Zweck. Apropos Zeitung, da kannst Du es schwarz auf weiß lesen: jung, flexibel, dynamisch, ungebunden – also völlig aussichtslos für mich! ...
Geld bringe ich keins nach Hause, an den
30 Kindern mäkele ich auch nur noch rum, ... mein Mann versteht mich sowieso nicht und sieht nur, dass ich mit dem Haushalt nicht fertig werde, obwohl ich den ganzen Tag zu Hause sitze ... Ja, das ist auch kein Wun-
35 der, denn vor lauter Grübelei komme ich nicht mal mehr zum Aufräumen, der Kopf schmerzt ständig und mein Tablettenverbrauch ist enorm gestiegen. Wie lange mache ich das noch mit? ..."

(Quelle: Heide Schön, Leipziger Volkszeitung)

4. Beschreiben Sie die Gefühle der Frau in eigenen Worten.
5. Unterstreichen Sie die Stellen, an denen Aussagen darüber gemacht werden, wer es schwer und wer es leicht hat, wieder einen Arbeitsplatz zu finden.

 A 10 **Studieren Sie die folgenden beiden Stellenanzeigen.**

①

Wir wollen Sie!

Als Niederlassung eines marktführenden amerikanischen Anbieters von Produktionsanlagen für die Elektroindustrie betreuen wir seit über acht Jahren unsere in allen Teilen Europas ansässigen Kunden.
Wir suchen zum nächstmöglichen Termin eine junge engagierte

Verkaufs-Assistentin

die daran interessiert ist, in einem dynamischen Verkaufsteam vielseitig zu arbeiten.
Sie sollten Berufserfahrung, Organisationstalent, Selbstständigkeit und sehr gute Englischkenntnisse in Wort und Schrift mitbringen. Weitere Fremdsprachen sind vorteilhaft. Erfahrungen in der Vorbereitung von Präsentationen, Messen und Seminarveranstaltungen sowie der Umgang mit einem Textverarbeitungssystem sind erwünscht.
Einer jungen Dame mit Flexibilität und einem freundlichen Wesen bieten wir einen neuen, sehr interessanten, ausbaufähigen Aufgabenbereich, einen modernen Arbeitsplatz und eine attraktive Vergütung.
Fühlen Sie sich angesprochen?
Dann bitten wir um Zusendung Ihrer aussagefähigen Bewerbung mit Lichtbild, Zeugnissen und Angabe Ihrer Gehaltsvorstellungen.

②

Eine neue Chance für Ihre Zukunft!

Mit fast 40.000 Mitarbeitern sind wir der größte Arbeitgeber der deutschen Gastronomie. Teamgeist, Weiterbildungsmöglichkeiten und Flexibilität sind für uns keine Worthülsen, sondern unabdingbare Voraussetzungen für unseren Erfolg.

Wir expandieren weiter und suchen zur Verstärkung engagierte Damen und Herren für unsere Restaurants im Rhein-Main-Gebiet als

Restaurantleiter-Assistent/in

Wenn Sie freundlich und sicher im Umgang mit Menschen sind, eine abgeschlossene Berufsausbildung oder entsprechende Berufserfahrung haben und idealerweise zwischen Anfang zwanzig und Ende dreißig sind, möchten wir mit Ihnen über Ihre Chancen bei uns sprechen.

Wir bieten ein dieser Position entsprechend dotiertes Gehalt, eine geregelte 5-Tage-Woche in Wechselschichten mit Wochenenddienst und nicht zuletzt die Sozialleistungen eines großen Unternehmens.

Gerne erwarten wir Ihre Bewerbungsunterlagen mit Lichtbild unter Angabe des gewünschten Einsatzortes.

(Quelle: Frankfurter Rundschau)

Welche Fähigkeiten und Eigenschaften werden von den Bewerbern erwartet? Was wird ihnen geboten? Erstellen Sie eine Übersicht nach folgendem Muster und tragen Sie die Informationen ein.

	Anzeige 1	Anzeige 2
Erwartete Fähigkeiten/ Eigenschaften/Qualifikationen		
Leistungen und Angebote des Unternehmens		

Wortbildung: Die Nachsilbe -los

A11 Sp

Im Text von A 9 finden Sie in Zeile 3 vier Adjektive, die aus einem Nomen und der Nachsilbe -los entstanden sind: **arbeits**los, **mut**los, **aussichts**los, **sinn**los. Die Nachsilbe -los drückt aus, dass etwas nicht vorhanden ist. Adjektive mit der Nachsilbe -los haben die gleiche Bedeutung wie die Mengenangabe *ohne* mit dem entsprechenden Nomen.

arbeitslos = ohne Arbeit   mutlos = ohne Mut
aussichtslos = ohne Aussicht   sinnlos = ohne Sinn

Bilden Sie weitere Beispiele.

ohne _____   _____los
ohne _____   _____los
ohne _____   =   _____los
ohne _____   _____los
ohne _____   _____los

Informieren Sie sich mit Hilfe von Tages- oder Wochenzeitungen über den gegenwärtigen Stand der Arbeitslosigkeit in Deutschland. Informationen und aktuelles Zahlenmaterial zu Themen wie Wirtschaftsstruktur, Arbeitslosigkeit, Lebensstandard etc. können Sie bei folgenden Institutionen (siehe auch Seite 66) anfordern:

Deutsches Institut für Wirtschaftsforschung (DIW), Königin-Luise-Str. 5, D-14195 Berlin
http://www.DIW-Berlin.de

Bundesanstalt für Arbeit, Regensburger Str. 104, D-90478 Nürnberg
http://www.Arbeitsamt.de

Bundesverband der Deutschen Industrie e.V. (BDI), Postfach 51 05 48, Gustav-Heinemann-Ufer 84 - 88, D-50968 Köln
http://www.bdi.de

Bundesministerium für Wirtschaft, Presse- und Informationsabteilung, Postfach 14 02 60, Villemombler Str. 76, D-53123 Bonn

B
i

Weniger Arbeit – mehr Zeit zum Leben?

Vor hundert Jahren mussten die Menschen in der Regel noch 70 Stunden in der Woche arbeiten, heute dagegen ist es fast nur noch die Hälfte. Die folgende Grafik zeigt, wie sich die Arbeitszeit in Deutschland seit dem vergangenen Jahrhundert verkürzt hat.

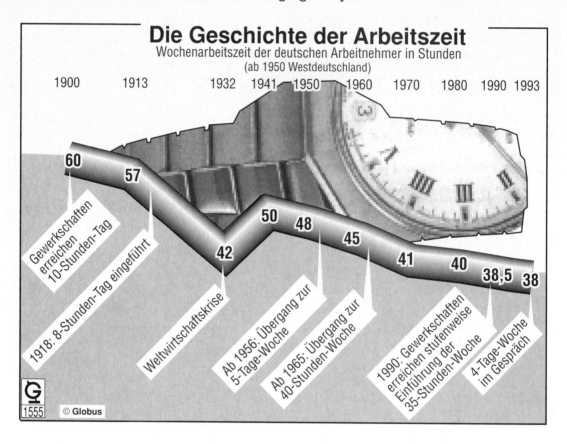

Die Geschichte der Arbeitszeit
Wochenarbeitszeit der deutschen Arbeitnehmer in Stunden
(ab 1950 Westdeutschland)

1900 1913 1932 1941 1950 1960 1970 1980 1990 1993

60 57 42 50 48 45 41 40 38,5 38

Gewerkschaften erreichen 10-Stunden-Tag

1918: 8-Stunden-Tag eingeführt

Weltwirtschaftskrise

Ab 1956: Übergang zur 5-Tage-Woche

Ab 1965: Übergang zur 40-Stunden-Woche

1990: Gewerkschaften erreichen stufenweise Einführung der 35-Stunden-Woche

4-Tage-Woche im Gespräch

G 1555 © Globus

?? B1

Beschreiben Sie die Geschichte der Arbeitszeit in Deutschland anhand der Grafik oben. Wie hoch ist die durchschnittliche wöchentliche Arbeitszeit in Ihrem Land?

B2

Steigende Arbeitslosenzahlen haben in der Bundesrepublik seit den späten siebziger Jahren immer wieder zu Diskussionen darüber geführt, wie neue Arbeitsplätze geschaffen werden können bzw. wie die vorhandene Arbeit besser verteilt werden kann.

Welche Möglichkeiten sehen Sie, das Problem der Arbeitslosigkeit zu lösen? Sammeln Sie Vorschläge in der Gruppe. Präsentieren Sie Ihre Vorschläge den anderen Kursteilnehmern.

Ta B3

Zur Lösung des Problems der Arbeitslosigkeit wurden verschiedene Modelle entwickelt, die sich unter den Stichworten „Arbeitszeitverkürzung" bzw. „Arbeitszeit-Flexibilisierung" zusammenfassen lassen. Hierzu gehören z. B.

- das Job-Sharing
- die 35-Stunden-Woche
- die Teilzeitbeschäftigung
- der vorzeitige Ruhestand
- die Altersteilzeitarbeit
- die Verlängerung des Urlaubs

1. **Klären Sie die Begriffe in der Gruppe. Welche Modelle lassen sich unter dem Stichwort „Arbeitszeitverkürzung" zusammenfassen, welche unter dem Stichwort „Arbeitszeit-Flexibilisierung"?**
2. **Im Folgenden werden die oben genannten Modelle der Arbeitszeitverkürzung bzw. -Flexibilisierung beschrieben. Ordnen Sie jeder Beschreibung die entsprechende Bezeichnung zu.**

Vorhandene Arbeit gerechter verteilen

Modelle zur Arbeitszeitverkürzung

Modell 1: _____

Seit Ende der siebziger Jahre wird vor allem von den Gewerkschaften die Verkürzung der Wochenarbeitszeit auf 35 Stunden gefordert.
5 In der Metallindustrie einigten sich Arbeitgeber und Gewerkschaften auf die schrittweise Einführung einer kürzeren Wochenarbeitszeit. Problematisch ist die Forderung der Gewerkschaften nach einem vollen Lohnausgleich, d. h. keiner Verminderung des Lohns
10 trotz einer Verkürzung der Arbeitszeit.

Modell 2: _____

Als zusätzliche Maßnahme zur Arbeitszeitverkürzung wurde von den Gewerkschaften in
15 den achtziger Jahren gefordert, den Jahresurlaub auf sechs Wochen für alle Arbeitnehmer zu erhöhen. Der gesetzliche Mindesturlaub liegt derzeit bei jährlich 18 Werktagen.

20 **Modell 3:** _____

Die Altersgrenze für das Ausscheiden aus dem Arbeitsleben und den Bezug von Renten liegt in der Bundesrepublik bei 65 Jahren. Seit Einführung der flexiblen Altersgrenze 1972
25 kann Altersrente aber auch schon mit 63 Jahren beantragt werden. Frauen und Arbeitslose können bereits mit 60 Jahren aus dem Erwerbsleben ausscheiden.

Modelle zur Arbeitszeit-Flexibilisierung

Modell 4: _____

Ein Dauerarbeitsverhältnis, bei dem eine geringere als die übliche durchschnittliche Arbeitszeit vereinbart ist und ein entspre-
5 chend niedrigeres Arbeitsentgelt gezahlt wird, ist eine Form der Arbeitszeit-Flexibilisierung.

Modell 5: _____

Arbeitnehmer, die das 55. Lebensjahr vollen-
10 det haben, können sich entscheiden, die wöchentliche Arbeitszeit auf die Hälfte zu reduzieren.

Modell 6: _____

Ein Arbeitsplatz wird zeitlich auf mehrere –
15 meist zwei – Arbeitnehmer aufgeteilt.

3. **Diskutieren Sie die Vor- und Nachteile dieser Modelle. Gibt es ähnliche in Ihrem Land?**

Mit der Anzeige auf Seite 64 wird für das „Arbeiten in neuer Form" geworben. Lesen Sie die Anzeige und entscheiden Sie, ob es sich bei „Mobilzeit" um ein Modell zur Arbeitszeitverkürzung oder zur Arbeitszeit-Flexibilisierung handelt. Begründen Sie Ihre Entscheidung.

B4

B5

Im folgenden Text werden weitere Modelle zur Arbeitszeitverkürzung bzw. -Flexibilisierung beschrieben. Markieren Sie beim Lesen die entsprechenden Textstellen.

Weniger Arbeit – mehr Freizeit

Bundeskanzler Helmut Kohl sorgte sich auf der 182. Sitzung des Deutschen Bundestages am 21. Oktober 1993 um die Zukunftssicherung des Wirtschaftsstandortes

5 Deutschland.

„Trotz der beschäftigungspolitischen Erfolge der 80er Jahre in den alten Bundesländern fehlen uns heute in ganz Deutschland rund 5 Millionen wettbewerbsfähige Arbeitsplätze",

10 konstatierte der Kanzler. „Wir haben in Deutschland im Durchschnitt sechs Wochen Urlaub und zwölf Feiertage pro Jahr. Bei der wöchentlichen Arbeitszeit liegen wir mit durchschnittlich 37,5 Stunden niedriger als

15 alle unsere Konkurrenten. Dennoch scheint es für viele nichts Wichtigeres zu geben als über mehr Freizeit nachzudenken." Und er mahnte: „Wir können die Zukunft nicht dadurch sichern, dass wir unser Land als

20 einen kollektiven Freizeitpark organisieren." Prompt konterte der saarländische Ministerpräsident Oskar Lafontaine: „Wenn Diskussionen um Arbeitszeitverkürzung mit dem kollektiven Freizeitpark begegnet wird: Wie

25 muss das in den Ohren der Millionen Menschen klingen, die ihren Arbeitsplatz verloren haben?"

Mit dem Kanzler-Schlagwort vom „kollektiven Freizeitpark" wurde landauf landab eine

30 Diskussion entfacht, an der sich nicht nur die Gemüter der Politiker, sondern auch die von Wirtschaftsführern, Gewerkschaftern und Arbeitnehmern erhitzten. „Mehr Jobs, weniger Geld", titelte ein Nachrichtenmagazin, als

35 kurz nach der Diskussion im Bundestag der Volkswagen-Konzern mit dem Vorschlag einer Vier-Tage-Woche die Sicherung von Arbeitsplätzen anstrebte.

Die deutsche Wirtschaft befindet sich im

40 Umbruch. Dazu beigetragen haben der Strukturwandel, eine weltweite Rezession und die deutsche Vereinigung. Doch die Furcht vor dem Arbeitsplatzverlust grassiert nicht nur in Deutschland. Auch die anderen

45 Staaten Europas haben im Kampf gegen die Arbeitslosigkeit immer mehr an Boden verloren.

Angesichts dieser Situation werden alte

50 Modelle wieder aus der Schublade geholt oder neue entworfen. Ein Beispiel ist das des Volkswagen-

55 Konzerns. Zur Vermeidung eines drohenden Arbeitsplatzabbaus von 30.000 Stellen im

60 Produktionsbereich einigte man sich innerbetrieblich auf eine Reduzierung der Wochenarbeitszeit auf vier Tage und eine entsprechende Lohnkürzung. Diese Einigung kann allerdings bei einer Verbesserung der

65 Auftragslage auch wieder rückgängig gemacht werden.

Ein anderes Modell ist das der sogenannten Jahresarbeitszeitkonten, die die Mitarbeiter weitgehend in eigener Verantwortung verwal-

70 ten. In Absprache mit Kollegen und Vorgesetzten kann so die Arbeitszeit während eines Jahres flexibel gestaltet werden. Auch ein sogenanntes Sabbatjahr wurde als Alternative zu Entlassungen vorgeschlagen. Bei diesem

75 Modell könnten sich Arbeitnehmer (ähnlich wie beim Mutterschutz) für ein Jahr beurlauben lassen, hätten aber die Garantie, nach Ablauf des Jahres wieder eingestellt zu werden.

80 Fast allen vorgeschlagenen Modellen ist jedoch eines gemeinsam: mehr Freizeit. Diese Entwicklung wird sich – auch wenn Politiker dies nicht wahrhaben wollen – sicherlich nicht aufhalten lassen.

B6 ▶ Beurteilen Sie die Modelle, die im Text und in den Aufgaben **B 3** und **B 4** beschrieben werden. Können sie zu einer Lösung des Problems der Arbeitslosigkeit beitragen?

B7 ▶ Haben deutsche Arbeitnehmer zu viel Freizeit? Welche Meinung vertritt der Autor des Textes? Was denken Sie?

Bundesministerium für Arbeit und Sozialordnung, Postfach 500, D-53107 Bonn

Deutscher Industrie- und Handelstag (DIHT), Postfach 14 46, Adenauerallee 148, D-53113 Bonn
http://www.DIHT.de

Informationsdienst des Instituts der deutschen Wirtschaft, Deutscher Instituts-Verlag GmbH, Postfach 51 06 70, D-50942 Köln

Deutscher Gewerkschaftsbund (DGB), Hans-Böckler-Str. 39, D-40476 Düsseldorf
http://www.DGB-Berlin.de

Statistisches Bundesamt, Postfach 55 28, Gustav-Stresemann-Ring 11, D-65189 Wiesbaden
http://www.Statistik-bund.de

5

Freizeit und Urlaub

Freizeit als Forschungsobjekt

»Zeit für mich haben«

Freizeit ist ...

»Meine Hobbys pflegen«

»Das tun, was Spaß macht«

A1 Was verbinden Sie mit dem Begriff „Freizeit"? Wie verbringen Sie Ihre Freizeit am liebsten?

A2 In keinem anderen Lebensbereich spiegelt sich der Wertewandel der Gesellschaft so deutlich wider wie in der Freizeit. Während man von den Deutschen in den fünfziger Jahren behauptete, sie lebten um zu arbeiten, kann man heute eher sagen, dass sie arbeiten um zu leben. Vielen ist mittlerweile die Freizeit viel wichtiger als der Beruf.

Hat sich in Ihrem Land eine ähnliche Veränderung vollzogen? Was ist/wäre für Sie persönlich wichtiger – Beruf oder Freizeit? Begründen Sie Ihre Meinung.

A3

Wie die Deutschen ihre Freizeit verbringen, wird regelmäßig vom Freizeit-Forschungsinstitut des Tabakkonzerns B.A.T. in Hamburg untersucht. Neben der Gegenwart interessiert die Forscher natürlich auch die Zukunft. Mit Hilfe von Umfragen haben sie herausgefunden, wie sich das Freizeitverhalten der Deutschen in den nächsten Jahren verändern wird.

1. Beschreiben Sie die nachstehende Übersicht.

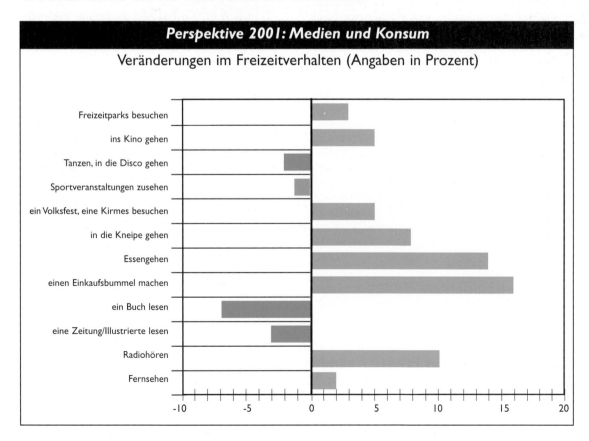

2. Welche Gründe vermuten Sie für die oben dargestellten Veränderungen?

A4

Wissenschaftlicher Leiter des B.A.T. Freizeit-Forschungsinstituts in Hamburg ist Professor Dr. phil. Horst Opaschowski.

Stellen Sie sich vor, Sie seien Journalist. Sie erhalten den Auftrag, Professor Opaschowski zu interviewen, um anschließend einen Bericht über ihn und seine Arbeit zu schreiben. Welche Fragen würden Sie Professor Opaschowski stellen?

Ta A5

Überprüfen Sie, ob der folgende Artikel Antworten auf Ihre Fragen enthält.

Forschen für die Freizeit

In den vier Vorlesungen und Seminaren, die Horst Opaschowski Woche für Woche an der Universität hält, liest er – kaum zu glauben – über die Freizeit. Berühmt wurde er aber erst
5 durch seine Forschungsarbeiten am B.A.T. Freizeit-Forschungsinstitut, das er bis heute leitet. „Das Unternehmen B.A.T. wollte das Freizeitverhalten der Deutschen genauer kennen lernen und ist bei seinen Recherchen
10 auf meinen Namen gestoßen. Ich habe mich damals bereit erklärt, mitzumachen, unter der Voraussetzung, dass Forschung und Produktwerbung klar getrennt werden, damit die Forschungsergebnisse auch glaubwürdig blei-
15 ben," erzählt der Institutschef. Mittlerweile gibt das B.A.T. Institut jedes Jahr mindestens eine Grundlagenstudie über das Freizeitverhalten der Deutschen heraus.
Oft fördern die Studien überraschende
20 Ergebnisse zu Tage. „Die meisten Menschen in den westlichen Industrieländern sind von einem Wohlstand umgeben, von dem man in früheren Jahrhunderten nicht zu träumen wagte. Und dennoch fühlen sich die
25 Menschen nicht glücklicher." Ihr Traum vom Glück ist in erster Linie konsumorientiert. „Frauen fühlen sich in einer schönen Wohnung, umgeben von Büchern und einem Telefon, am wohlsten; Männer dagegen, wenn
30 sie im Besitz eines Fernsehers und eines Autos sind. Wenn sie dann noch ab und zu gut essen und trinken und in den Urlaub fahren können, sind sie vollends zufrieden." Horst Opaschowski wählt seine Themen „nach der
35 gesellschaftlichen Relevanz und dem, was die Öffentlichkeit interessiert" aus. „Bei meiner Arbeit setze ich mich aber nicht nur mit der Freizeitgestaltung auseinander. Zu einer besseren Freizeit- und Lebensqualität gehört
40 heute mehr als nur ein kulturelles Angebot. Die Menschen machen sich viel öfter Gedanken über angemessene Verkehrsverbindungen, die wachsende Kriminalität und eine saubere Umwelt."
45 Der Arbeitstag von Horst Opaschowski beginnt mit einem gemeinsamen Frühstück mit seiner Frau Elke. Die beiden sind seit mehr als 25 Jahren ein Team. Abends um Punkt acht Uhr lässt der Freizeitforscher seinen Bleistift
50 fallen. „Wer Freizeit lehrt, muss auch danach handeln. Als meine beiden Kinder noch klein waren, habe ich jede Sitzung um 19 Uhr verlassen, um sie ins Bett bringen zu können."
Und was macht ein Freizeitforscher in seiner
55 Freizeit? „Zur Entspannung lese ich Zeitungen, höre Musik und sehe fern. In der Beziehung bin ich nicht anders als andere. Fernsehen ist die Lieblingsbeschäftigung der Deutschen." Bedrücken ihn manche seiner
60 Forschungsergebnisse? „Natürlich ist es bedrückend, zum Beispiel herauszufinden, dass die meisten Menschen Angst vor der vielen freien Zeit haben. Wir werden bald mehr Freizeit als Arbeitszeit haben, ohne darauf
65 vorbereitet zu sein."

A6

Unter den folgenden Fragen befinden sich drei, die Prof. Opaschowski *nicht* gestellt wurden. Welche? Streichen Sie sie durch.

1. Fühlen sich die Menschen heute mit mehr Freizeit glücklicher als früher?
2. Hat Ihre Arbeit Ihr eigenes Verhalten beeinflusst?
3. Konzentrieren Sie sich bei Ihrer Arbeit ausschließlich auf die Freizeitgestaltung?

4. Machen Ihnen Ihre Forschungsergebnisse Sorgen?

5. Seit wann gibt es das B.A.T. Freizeit-Forschungsinstitut?

6. Unter welchen Umständen fühlen sich Frauen und Männer am glücklichsten?

7. Wann beginnt für Sie als Freizeitforscher die Freizeit?

8. Warum hat ein Unternehmen wie B.A.T. ein Institut zur Erforschung der Freizeit gegründet?

9. Was gehört für die Menschen heute zur Freizeit- und Lebensqualität?

10. Welche Ergebnisse zeigen die Studien?

11. Wie führen Sie Ihre Untersuchungen durch?

12. Wie schätzen Sie die Zukunft ein?

13. Wie sind Sie Leiter dieses Instituts geworden?

14. Wie verbringen Sie Ihre Freizeit?

15. Wie viele Mitarbeiter hat Ihr Institut?

16. Wie viele Studien veröffentlicht das Institut pro Jahr?

17. Wonach wählen Sie die Themen für Ihre Untersuchungen aus?

Die Fragen sind leider etwas durcheinander geraten. Bringen Sie sie mit Hilfe des Textes in die Reihenfolge, in der sie beantwortet werden, und kennzeichnen Sie die entsprechenden Textstellen mit den Zahlen 1 bis 14.

Richtige Reihenfolge der Fragen:

alte Nummer:	8													12
neue Nummer:	1	2	3	4	5	6	7	8	9	10	11	12	13	14

Verwenden Sie die obigen Fragen, um das Interview mit Professor Opaschowski in einem Rollenspiel nachzuspielen.

Indirekte Rede

Der Zeitungsartikel in A 5 verwendet sehr viele wörtliche Zitate aus dem Interview mit Prof. Opaschowski. Diese sind durch Anführungszeichen („ …") gekennzeichnet. Um deutlich zu machen, dass man die Aussagen einer anderen Person wiedergibt, kann man aber auch die indirekte Rede verwenden.

....
Direkte Rede: „Das Unternehmen B.A.T. wollte das Freizeitverhalten der Deutschen genau erkennen lernen und ist bei seinen Recherchen auf meinen Namen gestoßen," erzählt der Institutschef.
....
Wiedergabe in Das Unternehmen B.A.T. **habe** das Freizeitverhalten der Deutschen genau-
indirekter Rede: er kennen lernen **wollen** und **sei** bei seinen Recherchen auf **seinen** Namen gestoßen, erzählt der Institutschef.
....

Es ist allerdings nicht unbedingt nötig, die Aussagen der anderen Person Wort für Wort wiederzugeben. Wichtig ist, dass sie grammatisch in den Text hineinpassen.

1. **Markieren Sie im Text A 5 die Passagen, die als wörtliche Zitate gekennzeichnet sind. Geben Sie den Inhalt in der indirekten Rede wieder.**

2. **Wie wirkt sich diese Art der Wiedergabe auf den Stil des Textes aus?**

A10

Rechnet man die Wochenenden, Feiertage und den Jahresurlaub zusammen, verfügen Arbeitnehmer in Deutschland heute – statistisch gesehen – über rund 160 arbeitsfreie Tage im Jahr. Möglicherweise nimmt die Menge an frei verfügbarer Zeit in den nächsten Jahren noch zu. Mit der freien Zeit sinnvoll umzugehen, wird die Kunst des 21. Jahrhunderts sein, sagen die Soziologen.

Welche Probleme könnten im Zusammenhang mit noch mehr Freizeit entstehen?

A11

Vergleichen Sie Ihre Einschätzung mit dem folgenden Text. Konzentrieren Sie sich zunächst nur auf die Überschrift und das Fettgedruckte.

Der Freizeitmensch wird zum Warteprofi
Studie sagt Massenverkehr und Konsumrausch voraus

5 **Zunehmender Autoverkehr, wachsende Landschaftszerstörung durch Freizeitanlagen, Verdrängung des Buches durch die elektronischen Medien und Kampf gegen die Langeweile: Eine in Hamburg vorgelegte Studie zur Freizeit im Jahr 2001 verheißt nichts Gutes für die Zukunft.**

A12

Analysieren Sie die Überschrift. Worum geht es in dem Artikel? Analysieren Sie den ersten Abschnitt. Welche Funktion hat er? Welche Aussagen werden gemacht?

A13

Ergänzen Sie die fehlenden Informationen:

In dem Artikel „Der Freizeitmensch wird zum Warteprofi" geht es um eine Studie zum

Thema _____ . Die Ergebnisse dieser Untersuchung sind:

a) _____

b) _____

c) _____

d) _____

A14

Lesen Sie nun den Rest des Artikels. Markieren Sie dabei die Stellen, die weitere Informationen zu den Punkten a) bis d) enthalten, mit dem entsprechenden Buchstaben.

A15

Beschreiben Sie die im Text dargestellten Entwicklungen. Fassen Sie den Inhalt des Textes in eigenen Worten zusammen.

Der Freizeitmensch wird zum Warteprofi
Studie sagt Massenverkehr und Konsumrausch voraus

Zunehmender Autoverkehr, wachsende Landschaftszerstörung durch Freizeitanlagen, Verdrängung des Buches durch die elektronischen Medien und Kampf gegen die Langeweile: Eine in Hamburg vorgelegte Studie zur Freizeit im Jahr 2001 verheißt nichts Gutes für die Zukunft.

„Genießen wir unsere Freizeit heute, denn besser kann sie kaum werden", lautet die deprimierende Erkenntnis der Experten des B.A.T. Freizeit-Forschungsinstituts. Die pessimistische Einschätzung basiert auf einer repräsentativen Befragung von rund 2000 Bundesbürgern (West) im Alter über 14 Jahren. Danach schätzen die meisten Menschen die Zukunftsrisiken, was die Gestaltung der Freizeit anbetrifft, weitaus höher ein als die Chancen.

„Mobil und immer aktiv sein" – so lautet das mutmaßliche Motto des Freizeitmenschen der Zukunft. Die Hamburger Forscher meinen: „Das bedeutet auch Massenverkehr. Nach dem Jahr 2000 wird etwa ein Drittel der Bevölkerung ständig irgendwo auf Kurzurlaub oder Wochenendfahrten unterwegs sein." Das führe zu überfüllten Straßen, zu noch größeren Staus als jetzt schon.

Zumindest in den Industrieländern könne das nächste Jahrhundert zu einem „Zeitalter der Massenfreizeit" werden mit überfüllten Straßen, Städten, Hotels, Zügen, Kinos und Theatern. Professor Horst Opaschowski, Leiter des B.A.T.-Instituts: „Der Freizeitmensch von 2001 wird sich zu einem Warteprofi entwickeln müssen." Nahezu rauschhafte Züge nimmt voraussichtlich der Konsum an. Die Kauflust werde zu einem Mittel, die Langeweile zu verhindern, meinen die Freizeitforscher: „Der Einkaufsbummel wird zu einer Flucht aus der Einsamkeit." Schon jetzt räumen 54 Prozent der berufstätigen Frauen und 46 Prozent der Männer unter 34 Jahren ein: „Ich gebe in der Freizeit zu viel Geld aus." Die zunehmende Unfähigkeit vieler Menschen, mit sich und der Freizeit umgehen zu können, wird eines der Hauptprobleme der Zukunft werden.

Schlecht sieht es auch für das Buch aus. Bis zum Jahr 2000 sei mit einem dramatischen Anstieg von Nicht-Lesern und Nicht-Buchkäufern zu rechnen. 1983 hätten 30 Prozent der Bundesbürger selten oder so gut wie nie zu einem Buch gegriffen, 1990 war dieser Anteil bereits auf 46 Prozent gestiegen. Opaschowski: „Wenn dieser Trend anhält, werden im Jahr 2000 zwei Drittel der Deutschen kein Buch mehr in die Hand nehmen." Dafür versprechen die Freizeitforscher dem Radio gute Zeiten – der Mensch der Zukunft werde vor allem über den Äther ansprechbar sein.

Alles in allem rufen die Autoren der Studie zu einem Umdenken auf. Nur bei einem grundlegenden Kurswechsel zu einer sozialen und umweltverträglichen Freizeitentwicklung sei das prognostizierte pessimistische Zukunftsszenario noch vermeidbar.

(Quelle: Thomas Vinsor, Augsburger Allgemeine)

Was müsste Ihrer Meinung nach getan werden, um die im Text beschriebene Freizeitentwicklung zu vermeiden? ◄ A16

▶ Freizeit heute und morgen

B1 ▶ **Kommentieren Sie die Zeichnung rechts.**

B2 ▶ Der Urlaub ist für viele Menschen die schönste Zeit im Jahr. Wie gestalten die Deutschen ihren Urlaub, und wie viel Geld geben sie dafür aus? Informationen dazu geben Ihnen die "Einstiegsfragen für Urlaubsprofis" auf Seite 75.

Kreuzen Sie auf dem Fragebogen (S. 75) jeweils die Antwort an, die Ihrer Meinung nach richtig ist. Vergleichen Sie dann Ihre Ergebnisse.

B3 ▶ **Überprüfen Sie Ihre Einschätzungen mit den Lösungen auf Seite 78. Machen Sie aus den Informationen einen schriftlichen Bericht.**

B4 ▶ Befragt man Deutsche zu ihren Ferienwünschen, so stehen „schöne Natur und saubere Landschaft" ganz oben auf der Wunschliste, gefolgt von „Strand, Sonne und Meer". Zweck einer Urlaubsreise ist es, sich vom Stress des Alltags zu erholen. Doch gelingt das wirklich immer?

Kommentieren Sie die Illustrationen oben. Welche Aspekte des Tourismus werden hier aufgezeigt?

EINSTEIGERFRAGEN FÜR URLAUBSPROFIS

1	Bundesbürger aus Ost und West, die im vergangenen Jahr Urlaub machten	a) 74,4%	b) 50,6%	c) 95,2%
2	Eine Urlaubsreise unternehmen	a) 44,3%	b) 66,8%	c) 81,5%
3	Das wichtigste Reisemotiv	a) Flirt und Liebe	b) neue Eindrücke	c) Abschalten und Ausspannen
4	Die im Urlaub meistausgeübte Sportart	a) Wandern	b) Schwimmen	c) Tennis
5	Das beliebteste Reiseland der Deutschen	a) Deutschland	b) Spanien	c) Italien
6	Das beliebteste inländische Reisegebiet der Deutschen	a) Thüringen	b) Bayern	c) Nordrhein-Westfalen
7	Das nach dem Pkw in der Haupturlaubsreise meistbenutzte Verkehrsmittel	a) Bus	b) Flugzeug	c) Bahn
8	Die beliebteste Form der Urlaubsverpflegung	a) Halbpension	b) Essen bei Verwandten/ Bekannten	c) Selbst-verpflegung
9	Der unbeliebteste Reisemonat	a) März	b) Januar	c) November
10	Durchschnittliche Dauer der Haupturlaubsreise	a) 16,1 Tage	b) 12,6 Tage	c) 21,5 Tage
11	In Begleitung (zwei oder mehr Personen) reisen	a) 48 %	b) 88 %	c) 71 %
12	Urlaubsausgaben pro Person und Tag für die Haupturlaubsreise	a) 101,02 DM	b) 66,55 DM	c) 81,86 DM

B5 Das folgende Gedicht beschäftigt sich auf humorvolle und ironische Weise mit dem Thema „Urlaub". Lesen Sie das Gedicht. Beschreiben Sie anschließend den Inhalt in eigenen Worten. Welche Widersprüche zeigt der Verfasser auf?

Ferienstenogramm

Vor- und nachher keine Ruhe,
Hast und hektisches Getue,
Nervenkriege, Packerei,
schwacher Trost: Es geht vorbei!

Zwischendurch mit einem müden
Kopf hinunter in den Süden,
anfangs allzu lang am Strand,
Endergebnis: Sonnenbrand!

Später deshalb mehr im Schatten,
Langeweile zwischen Gatten,
Kellner, die dich kaum verstehn,
immerhin: Sorrent gesehen!

Drückend heiße Ferientage,
Lärm, Gestank und Fliegenplage,
Durst, Erschöpfung und so fort,
aber bitte: Man war dort!

In Siena Kunst betrachtet,
mehrmals schlaflos übernachtet,
via Parma Richtung Schweiz,
Autopannen: drei bereits!

Lust und Unlust, heimzukehren,
Koffer packen, Koffer leeren,
müder als man vorher war,
doch post festum: wunderbar!

(Fridolin Tschudi)

i Urlaub bedeutet für mehr als die Hälfte der Deutschen Verreisen. In den fünfziger und sechziger Jahren waren Spanien und Italien noch Traumziele für die Deutschen. Heute dagegen können sich immer mehr Leute auch Urlaubsreisen in weit entfernte Länder leisten. Ein beliebtes Urlaubsziel ist z. B. die Inselwelt der Karibik.

„all inclusive"

Gönnen Sie doch auch Ihrem Portmonee ein bisschen Ruhe. Lassen Sie es stecken.

In den
„all inclusive"-Hotels

bekommen Sie nahezu alles, was Sie wollen, ohne einen Pfennig dazu zu zahlen. Essen, Trinken, Unterhaltungsprogramme: Alles ist bereits im Preis enthalten. So sparen Sie nicht nur viel Geld. Sie sparen sich auch die lästige Rechnerei mit Urlaubsnebenkosten.

Streitfrage: Ist der Tourismus – besonders für Länder der Dritten Welt – ein Gewinn oder eine Gefahr?

▶ B6

Sammeln Sie in der Gruppe Argumente und schreiben Sie sie in die nachstehende Tabelle. Führen Sie im Anschluss eine Pro- und Kontra-Diskussion durch.

Die Streitfrage: Der Tourismus ist – besonders für Länder der Dritten Welt ...	
... ein Gewinn (+)	... eine Gefahr (-)
● _____	● _____
● _____	● _____
● _____	● _____
● _____	● _____
● _____	● _____

Vergleichen Sie Ihre Argumente mit den Informationen des folgenden Textes.

▶ B7

Das Traumziel zum Billig-Tarif

Palmen, Glitzerstrände, Rum und Reggae: Die Karibik ist das Traumziel deutscher Urlauber. Vor allem die Dominikanische Republik wird von deutschen Reiseanbietern bevorzugt. Zu
5 verdanken hat die Insel diesen Besucherstrom nicht allein Palmen und Sonne. In erster Linie lockt der Preis: Zwei Wochen im Drei-Sterne-Hotel sind bereits für 1700 Mark zu haben – „alles inklusive".
10 Mit diesem Hinweis werben die Reiseprospekte. Urlauber brauchen im Land kein Geld mehr auszugeben. Vom Frühstücksbuffet bis zum Drink auf der Strandterrasse ist alles im Reisepreis enthalten. Die Hotelgäste leben
15 zwar komfortabel, aber streng abgeschirmt von der „Dritten Welt". Draußen patrouillieren schwer bewaffnete Wachleute. Sie halten nicht nur Kriminelle fern, sondern auch Straßenhändler.
20 Nirgendwo sonst lässt sich derzeit so viel Geld mit Tourismus verdienen. Innerhalb von fünf Jahren, so schätzen Experten, können die Kosten für einen Hotelbau wieder erwirt-
25 schaftet werden. Die Dominikaner gehen dabei allerdings leer aus. Die großen Reiseveranstalter ziehen das Geld wieder ab, im Land bleibt fast nichts. Kleine einheimische Hotels, die beim Preiskampf nicht mithalten
30 können, müssen schließen.
Für den Urlauber stimmt das Preis-Leistungs-Verhältnis. Der „all inclusive"-Urlaub in der Karibik ist bei den Fernreisen kaum zu schlagen. Doch mit welchen Konsequenzen? Der Alltag zeigt die Folgen der ungezügelten Ver-
35 marktung: Die Umwelt bleibt auf der Strecke. Die Infrastruktur hält dem Massentourismus nicht stand. Und allzu oft bedeutet „alles inklusive" eher Alkoholexzess am Hotelpool als das Kennenlernen einer fremden Kultur.
40 „Hauptsache Sonne, Palmen, Strand" ist jedoch leider das Motto vieler Urlauber.

(Quelle: Thüringer Landeszeitung)

Was wird vom Verfasser des Textes am „all inclusive"-Urlaub kritisiert? Welche negativen Folgen des Tourismus werden aufgezeigt?

▶ B8

B9 ▶

Projekt ▼ ▼ ▼ *Projekt* ▼ ▼ ▼ *Projekt* ▼ ▼ ▼ *Projekt* ▼ ▼ ▼ *Projekt* ▼ ▼ ▼ *Projekt* ▼ ▼ ▼ *Projekt*

In dem Text wird u. a. gesagt, dass das Kennenlernen einer fremden Kultur bei der beschriebenen Art von Urlaub meistens nicht möglich ist.

Wie könnte man ein gegenseitiges Verstehen, einen „Dialog der Kulturen" im Rahmen von Reiseprogrammen fördern? Entwerfen und beschreiben Sie ein mögliches Programm für eine deutsche Reisegruppe in Ihrem Land. Präsentieren Sie dieses Programm vor der Gruppe.

ℹ️ Informationen zum Thema „Freizeit" können Sie z. B. anfordern beim B.A.T. Freizeit-Forschungsinstitut, Alsterufer 4, D-20354 Hamburg

Lösungen zu B 2

1	2	3	4	5	6	7	8	9	10	11	12
a	b	c	b	a	b	b	c	b	a	b	c

Medien

Traditionelle Medien – die deutsche Presse

A1 Kommentieren Sie die Zeichnung.

A2 Welche Medien nutzen Sie, um sich über
● weltpolitische Ereignisse
● das aktuelle Tagesgeschehen in Ihrem Land/Ihrer Heimatstadt
zu informieren bzw. eine Meinung bilden zu können? Begründen Sie Ihre Wahl.

Obwohl sich das Fernsehen zum bedeutendsten Medium für aktuelle Informationen und Unterhaltung entwickelt hat, wirkt sich dies in Deutschland nicht zum Nachteil der Presse aus. Hinsichtlich der vorhandenen Zahl an Zeitungen und Zeitschriften nimmt die Bundesrepublik im internationalen Vergleich eine Spitzenstellung ein.

Die folgende Übersicht zeigt eine Auswahl von verschiedenen Zeitungs- und Zeitschriftentypen, die in der Bundesrepublik erhältlich sind.

Zeitungen und Zeitschriften in Deutschland

Zeitungen	Zeitschriften
● Überregionale Zeitungen	● Nachrichtenmagazine
● Regionalzeitungen	● Illustrierte
● Tageszeitungen	● Special-Interest-Zeitschriften
● Wochenzeitungen	● Programmzeitschriften
● Boulevardzeitungen	● Zielgruppenzeitschriften
● Anzeigenblätter	● Zeitschriften der „Regenbogenpresse"

---

1. Die besonderen Merkmale der einzelnen Zeitungen und Zeitschriften kann man aus der jeweiligen Bezeichnung erschließen. Definieren Sie die verschiedenen Sorten nach folgendem Muster:

Regionale Zeitungen sind Zeitungen, *die nur in einer bestimmten Region erscheinen.*

Nachrichtenmagazine sind Zeitschriften, *die ...*

2. Ordnen Sie die Bezeichnungen aus der Übersicht der jeweils treffenden Definition zu und ergänzen Sie damit Ihre eigenen Definitionen.

Zeitungen	Zeitschriften
1 _____ erscheinen nur in einer bestimmten Region und berichten vor allem über dortige Ereignisse.	7 _____ haben einen hohen Bildanteil und bestehen aus einer Mischung aus Information und Unterhaltung.
2 _____ werden überwiegend an Kiosken auf der Straße verkauft und müssen deshalb durch eine auffällige Aufmachung die Aufmerksamkeit der Leser auf sich ziehen.	8 _____ haben ihren inhaltlichen Schwerpunkt auf Nachrichten aus den Bereichen Politik, Wirtschaft, Kultur usw. und präsentieren diese in Form von sogenannten „Storys".
3 _____ erscheinen täglich (außer sonntags) und beinhalten aktuelle Nachrichten, Berichte und Reportagen.	9 _____ sind billig und verbreiten vor allem (oft erfundene) Klatschgeschichten über berühmte Persönlichkeiten (Film- und Fernsehstars, internationaler Adel).
4 _____ sind nicht nur in einer Region, sondern in der gesamten Bundesrepublik erhältlich.	10 _____ sind auf ganz bestimmte Leserkreise ausgerichtet (z. B. Manager, Eltern, Sportfans, Frauen, junge Leute).
5 _____ bestehen ausschließlich aus Inseraten und werden kostenlos verteilt.	11 _____ wenden sich an Leser mit besonderen Interessen und Hobbys (Computer, Angeln, Pferdesport, Kochen usw.).
6 _____ erscheinen wöchentlich; sie vermitteln Hintergrundinformationen zu verschiedenen Ereignissen und nehmen dazu Stellung.	12 _____ informieren vor allem über das wöchentliche Rundfunk- und Fernsehprogramm.

3. Wodurch unterscheiden sich Zeitungen von Zeitschriften? Schreiben Sie zwei Kurzdefinitionen.

A4 ► Legen Sie sich ein ganzseitiges Arbeitsblatt nach folgendem Muster an.

Name	Kategorie (Typ der Zeitung bzw. Zeitschrift)	Informationen (z. B.: Inhalt, Gründungsjahr, Erscheinungsort usw.)

Überlegen Sie, welche deutschen Zeitungen oder Zeitschriften Sie bereits kennen, und schreiben Sie die Namen auf. Welchem der oben genannten Typen lassen sie sich zuordnen?

Ta A5 ► Zeitungsartikel weisen in der Regel ganz bestimmte Textsortenkennzeichen auf. Dazu gehören u. a.

- die **Schlagzeile**, mit der die Aufmerksamkeit des Lesers auf den Artikel gelenkt werden soll. Sie enthält meist den wesentlichen Inhalt in komprimierter Form.

- der **Untertitel** (manchmal auch über der Schlagzeile), der weitere Informationen zum Inhalt des Artikels gibt.

- eine (oft fett gedruckte) **Einleitung**, in der die Hauptaussagen des Textes zusammengefasst werden. Diese werden im nachfolgenden Text des Artikels genauer erläutert.

1. Lesen Sie zunächst die Schlagzeile sowie den Untertitel des folgenden Zeitungsartikels. Worüber wird Sie der Artikel informieren?

2. Lesen Sie anschließend die Einleitung. Welche drei Themen werden angesprochen?

- _____

- _____

- _____

3. Lesen Sie den Artikel einmal zügig durch und markieren Sie dabei die Stellen, an denen von einem der drei Themen zum nächsten gewechselt wird.

Vielfalt trotz Konzentration
Die Presselandschaft der Bundesrepublik im Überblick

(S.K.) In der Zeitungsdichte (Zahl der Zeitungen je 1000 Einwohner) liegt die Bundesrepublik hinter Japan, Großbritannien und der Schweiz weltweit an

5 **vierter Stelle. Auch die Zeitschriftenpresse nimmt wegen ihrer Vielfalt im internationalen Vergleich eine Spitzenstellung ein. Sorge bereitet allerdings die zunehmende Pressekonzentration.**

10 Viele Menschen beziehen „ihre" Zeitung im Abonnement, denn dann finden sie sie meist schon früh morgens im Briefkasten. Mehr als zwei Drittel aller Tageszeitungen erreichen auf diese Weise ihre Leser. Der Rest wird im

15 Einzelverkauf abgesetzt. Hierzu gehören vor allem die sogenannten Boulevardzeitungen. Kennzeichnend für diese Art von Zeitung sind die großen Überschriften, die als sensationell empfunden werden, großformatige Fotos,

20 drastische Sex- und Horror-Geschichten sowie Klatsch- und Skandal-Storys. Die berühmtberüchtigste Zeitung dieser Art ist die *Bildzeitung*, mit täglich rund 4,5 Millionen Exemplaren die auflagenstärkste deutsche

25 Tageszeitung.
Insgesamt erscheinen in den alten und neuen Bundesländern an Werktagen rund 400 Zeitungen. Die verkaufte Gesamtauflage liegt bei ca. 30 Millionen. Dominant ist die regiona-

30 le und die lokale Tagespresse. Die meisten Zeitungsleser interessiert vor allem, was in ihrer Stadt oder Region geschieht. Aber auch die kleineren Zeitungen bieten ihren Lesern einen täglichen Überblick über die wichtigsten

35 Ereignisse der nationalen und internationalen Politik, über Wirtschaft, Kultur und Sport.
Starken Einfluss auf die politische und wirtschaftliche Meinungsbildung haben aber vor allem die großen überregionalen Tageszeitun-

40 gen. Dies sind die *Frankfurter Allgemeine Zeitung* (oft auch nur *FAZ* genannt), die *Frankfurter Rundschau (FR)*, die in München erscheinende *Süddeutsche Zeitung (SZ)*, *Die Welt* (Berlin) und das auf

45 Nachrichten aus dem Wirtschafts- und Finanzbereich spezialisierte *Handelsblatt* (Düsseldorf). Alle diese Zeitungen wurden in der Zeit kurz nach dem Zweiten Weltkrieg

gegründet. Die einzige bundesweit erscheinen-

50 de Tageszeitung neueren Gründungsdatums, die (wenn auch nicht ohne Schwierigkeiten) den harten Konkurrenzkampf auf dem Zeitungsmarkt überlebt hat, ist die *tageszeitung (taz)* mit Sitz in Berlin. Sie

55 wurde 1979 von einer Gruppe engagierter Journalisten gegründet, um ein „linkes" Gegengewicht zu den etablierten Medien zu schaffen. Neben den überregionalen Tageszeitungen halten seit langem vor allem so renom-

60 mierte Wochenzeitungen wie *Die Zeit* (Hamburg) oder der *Rheinische Merkur* sowie Nachrichtenmagazine wie *Der Spiegel* (Hamburg) die Diskussion über politische, wirtschaftliche und kulturelle Themen in

65 Deutschland in Gang. 1947 gegründet, war *Der Spiegel* bis 1993 das einzige Nachrichtenmagazin in Deutschland. Seitdem versucht das in München erscheinende Nachrichtenmagazin *Focus* ihm Konkurrenz zu machen.

70 Auch die etablierten Wochenzeitungen haben seit 1993 Konkurrenz: *Die Woche* aus dem Hamburger Jahreszeitenverlag. Alle Wochenzeitungen bieten Hintergrundinformationen und Analysen. Ergänzt wird das Angebot durch

75 verschiedene Sonntagszeitungen wie die *Welt am Sonntag (WamS)*.
Auch der Zeitschriftenmarkt ist mit 20.000 Titeln breit gefächert. Eine besondere Rolle spielen die Publikumszeitschriften, weil sie sich

80 insgesamt in Millionen-Auflagen an ihre Leser wenden. Hierzu gehören Illustrierte wie *Der Stern* und *Bunte*, Programmzeitschriften wie *Hörzu* und *Super TV* sowie Frauenzeitschriften wie *Brigitte* oder *Für Sie*. Immer mehr

85 Leser gewinnen auch die sogenannten „Special-Interest"-Titel. Allein zum Thema Computer kamen 1993 15 neue Zeitschriften auf den Markt.
Bei all dieser Vielfalt wird jedoch die zuneh-

90 mende Pressekonzentration mit Sorge beobachtet. Zwei Drittel des Pressemarktes werden von den vier Großverlagen Bauer (Hamburg), Springer (Berlin), Gruner + Jahr (Hamburg) und Burda (München) kontrolliert.

95 Daneben kämpfen die kleineren Verlage um ihre Leser und damit auch um ihr Überleben.

Lesen Sie den Artikel noch einmal. Suchen Sie dabei gezielt nach Informationen, mit denen Sie Ihr Arbeitsblatt aus A 4 ergänzen können, und unterstreichen Sie diese Informationen. Übertragen Sie sie anschließend auf Ihr Arbeitsblatt.

A6

A7 Neben Meldungen, Kommentaren, Berichten und Reportagen ist auch das Interview eine der Textsorten, die in Zeitungen und Zeitschriften zu finden sind.

Überlegen Sie sich Fragen, die Sie mit den Informationen des Textes beantworten können, und erarbeiten Sie zu zweit ein Interview zum Thema „Massenmedien in Deutschland". Nehmen Sie Ihr Arbeitsblatt aus A 4 zu Hilfe.

A8 **Warum wird Ihrer Meinung nach die zunehmende Pressekonzentration in Deutschland mit Sorge betrachtet?**

A9 **Vergleichen Sie die deutsche Presselandschaft mit der Ihres Heimatlandes.**

A10 Alle Zeitungen beziehen einen Teil ihrer Nachrichten von Presseagenturen. Diese oft etwas trockenen Meldungen werden meistens von den verantwortlichen Redakteuren bearbeitet, um sie interessanter oder leichter verständlich zu machen.

1. Vergleichen Sie die Agenturmeldung mit dem Bericht, der daraus entstanden ist. Worin unterscheiden sich die beiden Texte?

Agenturmeldung **Becker-Stich-Match verschoben**	**Bericht** **Becker-Stich-Match fiel ins Wasser**
Das eigentlich für gestern Abend vorgesehene und mit großer Spannung erwartete Match zwischen Boris Becker und Michael Stich musste zur Enttäuschung der Zuschauer beim 5 diesjährigen Hamburger Tennisturnier auf einen späteren Zeitpunkt verschoben werden. Nach starken Regenfällen war der Platz nicht mehr bespielbar.	Die Zuschauer beim diesjährigen Hamburger Tennisturnier waren enttäuscht. Mit großer Spannung hatten sie das Match zwischen Boris Becker und Michael Stich erwartet, das 5 eigentlich für gestern Abend vorgesehen war. Doch das Spiel fiel aus. Grund: Nachdem es stark geregnet hatte, konnte auf dem Platz nicht mehr gespielt werden. Deshalb sahen sich die Veranstalter gezwungen, das Match 10 auf einen späteren Zeitpunkt zu verschieben.

2. Welche sprachlichen Änderungen wurden vorgenommen? Ergänzen Sie mit Hilfe des Berichts die fehlenden Wörter in der Agenturmeldung.

Agenturmeldung		Bericht

1. ... zur _____ Zuschauer ... = Die Zuschauer waren enttäuscht.

2. Das _____
_____ Match ... = Mit großer Spannung hatten sie das Match ... erwartet.

3. Das _____
_____ Match = ... das Match ..., das eigentlich für gestern Abend vorgesehen war.

4. Nach _____ ... = Nachdem es stark geregnet hatte, ...

5. ... war der Platz _____
_____ . = ..., konnte auf dem Platz nicht mehr gespielt werden.

6. Das Match _____
_____ . = Die Veranstalter sahen sich gezwungen, das Match zu verschieben.

Obwohl es sich um eine ziemlich langweilige Nachricht handelt, könnte man sie z. B. mit Aussagen von enttäuschten Zuschauern oder Kommentaren der beiden Tennisspieler interessanter gestalten. Viele Boulevardzeitungen arbeiten mit diesen Mitteln.

3. Machen Sie aus der Agenturmeldung einen Artikel für den Sportteil einer Boulevardzeitung.

Auch die folgende Nachricht aus dem Wirtschaftsteil ist nicht besonders spannend und wenig leserfreundlich gestaltet. ◀ **A11**

Ergänzen Sie die fehlenden Wörter und geben Sie dem Artikel eine spannende Schlagzeile. Wie könnte man den Artikel noch verändern, damit er interessanter wird?

Tarifverhandlungen bisher ergebnislos
Gestern Nachmittag begannen in Hamburg die diesjährigen Tarifverhandlungen in der Metall-Branche. Trotz fast die ganze Nacht andauernder Verhandlungen konnte zwischen Arbeitgebern und Gewerkschaft keine Einigung erzielt werden. Die in den frühen Morgenstunden abgebrochenen Gespräche sollen am heutigen Nachmittag fortgesetzt werden.

(Zeile 5 markiert am linken Rand des Artikels)

Gestern Nachmittag begannen in Hamburg die diesjährigen Tarifverhandlungen in der Metall-Branche. Obwohl die Verhandlungen _____,

_____

konnten Arbeitgeber und Gewerkschaft sich _____.

In den frühen Morgenstunden _____ sie _____.

Heute Nachmittag sollen sie _____

_____ .

◀ **A12**

Die meisten Zeitungen/Zeitschriften in Deutschland finanzieren sich zu zwei Dritteln aus Anzeigen und Produktwerbung und nur zu einem Drittel aus dem Verkauf.

1. In welchen deutschen Zeitungen/Zeitschriften würden Sie als Hersteller von a) Waschmaschinen b) Kosmetika c) Autos d) Kleidung e) Fernsehgeräten f) Bürogeräten g) Lebensmitteln werben? Warum?
2. Welche Gefahren ergeben sich möglicherweise aus einer starken finanziellen Abhängigkeit von Werbekunden?

Projekt ▼ ▼ ▼ *Projekt* ▼ ▼ ▼ *Projekt* ▼ ▼ ▼ *Projekt* ▼ ▼ ▼ *Projekt* ▼ ▼ ▼ *Projekt* ▼ ▼ ▼ *Projekt* ◀ **A13**

Vergleich von Zeitungen/Zeitschriften

Machen Sie in der Gruppe einmal eine vergleichende Untersuchung verschiedener deutscher Zeitungen oder Zeitschriften. Versuchen Sie z.B. mit Hilfe von zwei verschiedenen Tageszeitungen des gleichen Tages herauszufinden, ob Ereignisse und Nachrichten des Tages in beiden Zeitungen gleich oder unterschiedlich dargestellt werden. Oder vergleichen Sie Aufbau und Inhalt, Art der Berichterstattung (z. B. über Ihr Land), Art und Umfang der Werbung in verschiedenen Zeitungen. Vielleicht haben Sie auch Lust dazu, in Ihrer Gruppe selbst eine Wochen-, Monats- oder eine Wandzeitung zu erstellen?

B

??

Neue und neueste Medien – Konkurrenz für die alten?

Die Medien spielen im Leben der Bundesbürger eine wichtige Rolle. Ergänzen Sie den folgenden Kurztext mit Hilfe der Übersicht: **B1**

Mehr als vier Stunden am Tag widmen die Deutschen im Durchschnitt den Medien.

Am beliebtesten ist _____

_____ .

Das Radio _____

_____ .

Für das Lesen der Tageszeitung _____

_____ .

Die Beschäftigung mit Büchern _____

_____ .

Medium	Nutzung in Minuten/Tag
Fernsehen	106
Radio	98
Tageszeitung	30
Buch	28

Wie viel Zeit verbringen Sie pro Tag im Durchschnitt mit der Nutzung der genannten Medien?

Welche Bedeutung hat das Fernsehen für Sie? Machen Sie den folgenden (nicht ganz ernst gemeinten) Test.   **B2**

Fernsehsucht ist heilbar!

Jeder weiß, dass Fernsehen zur Sucht werden kann. Doch manche Sucht kann geheilt werden.

Testen Sie sich selbst: Kreuzen Sie die am ehesten zutreffende Antwort an. Bewerten Sie dann jede Antwort mit der entsprechenden Punktzahl und addieren Sie das Ergebnis. Die Auswertung finden Sie auf Seite 94.

Punkte pro Antwort:	2 ja	1 manchmal	0 nein
Ist Fernsehen für Sie ein Beruhigungsmittel?	❑	❑	❑
Konsumieren Sie alles, was geboten wird?	❑	❑	❑
Gibt das Fernsehen Ihrem Leben einen Sinn?	❑	❑	❑
Beeinflusst das Fernsehprogramm Ihre Tagesplanung?	❑	❑	❑
Schalten Sie oft zwischen verschiedenen Programmen hin und her?	❑	❑	❑
Sehen Sie morgens oder bis spät in die Nacht fern?	❑	❑	❑
Sagen Sie Einladungen ab, weil Sie eine bestimmte Fernsehsendung sehen wollen?	❑	❑	❑
Werden Sie unruhig, wenn Sie längere Zeit nicht fernsehen können?	❑	❑	❑
Wie viele Stunden verbringen Sie täglich vor dem Fernsehgerät?	mehr als 2 ❑	1 - 2 ❑	0 - 1 ❑

Summe			

Seit Ende der 70er Jahre sind zu den traditionellen Medien (Presse, Film, Buch, Hörfunk, Fernsehen und Tonträger) eine Reihe sogenannter neuer Medien hinzugetreten. Hierzu zählen z. B. Geräte zur Informationsspeicherung (Videorekorder, Bildplattenspieler und Heimcomputer) oder zusätzliche Fernseh- und Hörfunkprogramme, die über Kabel oder Satelliten empfangen werden können.

Erst mit Einführung des Breitbandkabels und des Satellitenfernsehens ist die Fersehwelt so bunt und grenzenlos geworden, wie wir sie heute – aus eigener Anschauung oder aus den Programmzeitschriften – kennen. Vorbei sind die Zeiten, in denen sechs Knöpfe am Fernsehgerät schon drei zu viel waren. Heute müssen Fernbedienungen mit doppelt und dreifach belegbaren Tasten her, um alle Programme per Knopfdruck in den Griff zu bekommen.

Die zunehmende Zahl von Fernsehprogrammen macht für viele Zuschauer allerdings die Programmwahl zur Qual. Vielfach wird kritisiert, dass sich die Qualität der angebotenen Programme in den letzten Jahren verschlechtert habe.

B3 ▶ **Diskutieren Sie die folgenden Fragen:**
- **Wie sieht Ihrer Meinung nach ein gutes Fernsehprogramm aus? Aus welchen Bestandteilen sollte es sich zusammensetzen?**
- **Trägt mehr Konkurrenz unter den Fernsehsendern zu einer Verbesserung der Programme bei?**

B4 ▶ **Untersuchen Sie das Abendprogramm (S. 89) verschiedener deutscher Fernsehsender an einem Samstagabend zwischen 18 und 24 Uhr.**

1. Klassifizieren Sie die einzelnen Sendungen mit Hilfe der folgenden Tabelle.

	ARD	ZDF	RTL	SAT.1
Spielfilme, Serien				
Nachrichten				
Unterhaltung, Musik, Show				
Reportage, Natur, Umwelt				
Politik, Wirtschaft, Gesellschaft				
Kultur, Zeitgeschichte				
Sport, Fitness				

B5 ▶ **2. Welche Gattung ist am häufigsten vertreten?**

1984 wurden auch in der Bundesrepublik kommerzielle Anbieter von Rundfunk- und Fernsehprogrammen zugelassen – im Vergleich zu anderen Ländern relativ spät.

Sammeln Sie in der Gruppe Informationen zum Rundfunk- und Fernsehwesen in Deutschland. Welche Gründe gab es möglicherweise dafür, dass kommerzielle Anbieter erst seit 1984 ihre Programme in Deutschland ausstrahlen dürfen?

SA 5. APRIL

ARD

13.25 TV-Melodram

Die »Sehnsucht der Herzen« und die Sorge um den kleinen Rocco (D. Gadaleta) haben Marta (E. Brigliadori, l.) und Thomas (A. Zirner) wieder zusammengeführt

6.00 Curiosity-Show 11-43 **6.30** Leonie Löwenherz 68-34 **7.00** Alle meine Freunde 75-63 **7.30** Neues vom Süderhof 71-50 **8.00** Blinky Bill 86-79 **8.30** Die Jagd nach dem magischen Wasserrad 11-24 **9.00** Tagesschau 37-495 **9.03** Käpt'n Blaubär Club 303-434-853 **9.35** Urmel. Letzte Folge 8-651-766 **10.00** Tagesschau 27-018 **10.03** AbenteuerWelt 300-003-969 **10.30** Abenteuer Überleben. Tränen um die Krokodile 13-60 **11.00** Der goldene Pfeil. Spielfilm, Italien 1961 2-375-691 **12.25** Cartoons im Ersten 2-355-389 **12.30** Gejagt – getroffen – verblutet. Der Mauerflüchtling Peter Fechter 39-40 **13.00** Tagesschau 98-563 **13.05** Europamagazin 8-743-691

13.25 Sehnsucht der Herzen (2) 4-513-124
Zweiteiliger Fernsehfilm, D/I 1993
Mit Eleonora Brigliadori, A. Zirner
Regie: Andrea und Antonio Frazzi
15.00 Kinderquatsch mit Michael 11-05
Gast: Das Modul
15.30 Tigerenten Club 9-973-389
Musik: Makoma aus Zaire
16.55 Tagesschau 5-607-389
17.00 Ratgeber: Reise 64-95
17.30 Sportschau 95-82
18.00 Tagesschau 99-056
18.10 Brisant Boulevardmagazin 750-679
18.45 Happy Holiday 943-211
Kain und Abel. Serie
19.40 Wetterschau 9-856-766
19.50 Lottozahlen 9-845-650
20.00 Tagesschau 64-747
20.15 Das Frühlingsfest der Volksmusik 7-630-476
Mitwirkende: Stefanie Hertel, Dagmar Koller, die Hildebrandt-Zwillinge, Oliver Thomas, Geschwister Hofmann, das deutsche Fernsehballett des MDR, Judith & Mel u. a.
Moderation: Carmen Nebel (Übertragung aus der Stadthalle Chemnitz)
21.45 Tagesthemen 382-196
Mit Sport
22.05 Das Wort zum Sonntag 4-392-259
Von Pastor Arndt Noack, Ranzin
22.10 Privatfernsehen 6-871-679
Magazin mit Friedrich Küppersbusch
23.10 Long Riders 9-312-650
TIP (The Long Riders) Spielfilm, USA 1979
Mit James Keach, Stacy Keach, David Carradine, Keith Carradine u. a.
Regie: Walter Hill
0.45 Tagesschau 4-725-815
0.55 Die Wendeltreppe 1-360-051
TIP (The Spiral Staircase) Spielfilm, USA 1946
Mit Dorothy McGuire, George Brent, Ethel Barrymore, Elsa Lanchester
Regie: Robert Siodmak
2.15 Gymkata 4-214-693
Spielfilm, USA 1985
Mit Kurt Thomas, Tetchie Agbayani, Richard Norton, Edward Bell u. a.
Regie: Robert Clouse
3.40 Bahnstrecken 3-575-815
4.10 Europamagazin (Wh) 4-332-438
5.00 Ratgeber: Reise (Wh) 2-344-273
5.30 Brisant (Wh) 2-314-032

ZDF

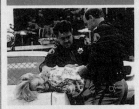

23.20 TV-Krimi

Zu spät erkennt Sally (Joanna Kerns), daß ihr Mann »Tödliche Absichten« hegt. Um sie aus dem Weg zu räumen, läßt er sie in die Psychiatrie zwangseinweisen

6.55 Dreams 78-947-308 **7.00** Alice im Wunderland 84-327 **7.25** Bananas in Pyjamas 46-578-292 **7.30** Dog City 9-446-124 **7.55** Bananas... 3-469-969 **8.00** Siebenstein 34-308 **8.25** Der kleine Bär 4-631-682 **8.35** Das Gespenst von Faffner Hall 1-448-747 **9.00** Tagesschau 35-037 **9.03** 1 – 2 oder 3 300-001-595 **9.28** Geburtstagsecke 302-154-853 **9.30** Löwenzahn 35-82 **10.00** Tagesschau 18-360 **10.03** Achterbahn 300-004-211 **10.30** Alles anders, alles neu 4-543-650 **10.45** PUR 8-815-143 **11.10** Kappatoo – Der Doppelgänger aus dem All 6-190-817 **11.35** Bazillen 1-188-679 **11.40** Chart Attack 2-291-476 **12.25** Gesundheits-Tip 2-386-259 **12.30** Nachbarn 15-82 **13.00** Tagesschau 96-105

13.05 Diese Woche 9-322-018
13.20 Die tollkühnen Abenteuer des Captain Eddie 7-957-766
Spielfilm USA 1945
Mit Fred MacMurray, Lynn Bari u. a.
Regie: Lloyd Bacon
15.05 Reiselust 1-111-259
15.30 Kaffeeklatsch 28-34
16.00 Hera Lind & Leute 2-002-227
Mehr als erwartet – Mehrlinge
16.50 moment mal 1-025-817
17.00 heute 46-501
17.05 Länderspiegel 810-230
Moderation: Gaby Dietzen
17.45 mach mit 4-848-698
17.55 Der Landarzt 4-120-105
Fehlinvestitionen. Serie
19.00 heute und Wetter 37-679
19.25 Verschollen in Thailand 5-912-018
Die Entdeckung. Serie
Zusammen mit Yvi und Robert ist Constanze weiterhin auf der Suche nach ihrem Vater. Inzwischen haben sie die wahre Identität ihres Verfolgers herausgefunden. Trotzdem tappen sie in eine Falle und werden auf dem Weg nach Bangkok überfallen
20.15 Sperling und das Spiel gegen alle 7-638-018
TIP Fernsehkrimi, Deutschland 1997
Mit Dieter Pfaff, Benno Fürmann, Petra Kleinert, Hans-Joachim Grubel
Buch: Claudia Holldack
Regie: Thorsten C. Fischer
21.45 heute journal 3-769-389
22.00 Das aktuelle Sport-Studio 8-052-312
Moderation: Wolf-Dieter Poschmann
23.20 Tödliche Absichten 5-615-921
Fernsehfilm, USA 1991
Mit Harry Hamlin, Joanna Kerns, Fairuza Balk, Rochelle Greenwood
Buch: William Wood
Regie: James Steven Sadwith
0.55 heute 63-548-815
1.00 Ein Cop sieht rot 8-246-419
Spielfilm, USA 1992
(Wh von gestern)
2.30 Nightgigs 6-529-780
Die Berliner Rockband Silly
(Konzertaufzeichnung von 1994)
3.15 Chart Attack (Wh) 9-128-438
4.00 Straßenfeger 2-285-148
4.40 Willemsens Woche 2-257-815
Talk-Show (Wh von Donnerstag)

RTL

14.15 Comedyserie

Claire Roman (Melinda Culea) im Kreise ihrer Männer: der Söhne Matt, Andy und Joe und der Mechaniker Lou und Lloyd. Sie alle sind »Wilde Brüder mit Charme!«

6.05 Mario Brothers 2-754-211 **6.30** Pebbles & Bam Bam Show 9-440-940 **6.50** Yogi auf Schatzsuche 1-193-650 **7.35** Captain Planet 4-042-698 **8.00** Animal Show 13-89 **8.30** Team Disney 7-169-501 **8.45** Quack Pack 3-485-292 **9.15** Wundertüte 7-234-650 **9.20** Aladdin 1-477-259 **9.45** Timon & Pumbaa 8-706-921 **10.15** Quiz 5-481-230 **10.20** Cartoon 8-157-969 **10.30** Splatterdome 4-560-327 **10.40** Woody Woodpecker 3-809-747 **10.55** Gargoyles 8-806-495 **11.20** Power Rangers 8-897-747 **11.45** Carmen Sandiego 4-495-489 **12.10** So ein Satansbraten 3-530-853 **12.30** Salty 6-650 **13.00** Full House 97-211 **13.25** Eine starke Familie 4-819-018

14.15 Wilde Brüder mit Charme! 811-679
Die neue Familie
18teilige Comedyserie, USA 1995/96
14.45 Die Nanny 261-650
Zeigt her eure Füße. Comedyserie
15.15 Alle meine Kinder 575-940
Nest der Bewährung
20tlg. Comedyserie, USA 1991–93
15.50 Beverly Hills, 90210 3-205-560
Die unerfüllten Träume. Serie
16.50 Melrose Place 2-007-124
Wahre Lügen. Serie
17.50 Models Inc. Serie 9-653-835
Noch schlimmer, als es aussieht
18.45 RTL aktuell Nachrichten 2-696-281
19.10 Explosiv – Weekend 4-606-308
Magazin
20.15 Die 100.000 Mark Show 96-308
Vier Paare treten wieder im Spiel ums große Geld an: Tilman und Ruth kommen aus einer kleinen Stadt, deren Namen alle Formel 1-Fans kennen: Kerpen, die Heimatstadt Michael Schumachers. Auch der Siegsdorfer Sigi hofft mit seiner Frau Uschi auf den Sieg. Thomas und Kitty sind normalerweise in den Lüften zu Hause: Er ist Jetpilot, sie Stewardeß. Und schließlich fordern noch Friedrich und Monika aus Euskirchen das Glück heraus
Moderation: Ulla Kock am Brink
22.00 Wie Bitte?! 21-698
Die Show, die sich einmischt
Moderation: Geert Müller-Gerbes
23.00 Samstag Nacht 82-150
Comedy-Show
Gäste: Klaus Wennemann (Schauspieler), Ingo Appelt (Provo-Kabarettist), Stoppok (Blues-Liedermacher)
0.00 Bloodfist VII – Manhunt 12-631
Spielfilm, USA 1995
Mit Don »The Dragon« Wilson, Jonathan Penner, Jillian McWhirter u. a.
Regie: Jonathan Winfrey
1.30 Melrose Place (Wh) 6-947-902
2.15 Samstag Nacht 8-358-493
Comedy-Show (Wh von 23.00 Uhr)
3.05 Beverly Hills, 90210 5-800-457
Serie (Wh von 15.45 Uhr)
3.50 Models Inc. (Wh) 1-200-493
4.35 Der Prinz von Bel-Air 3-893-964
Serie (Wh von 13.45 Uhr)
4.55 Full House (Wh) 8-601-896
5.20 Zeichentrickserie 1-205-493

SAT.1

20.00 Fernsehkrimi

Die Staatsanwältin Katharina Dorn (J. Gröllmann) fragt sich, ob der Fernsehjournalist Martin Kelm (R. Müller) einen »Mord für eine Schlagzeile« begehen würde

7.10 Lassie. Eine Überraschung. Abenteuerserie 6-270-327 **7.35** Mein Freund Ben. Der Bärenkampf. Jugendserie 2-223-921 **8.05** Tarzan. Tödliche Revanche. Abenteuerserie 8-511-476 **9.00** Kung Fu. Caine und das Blut des Drachen (1). Abenteuerserie 93-389 **10.00** Mit Schirm, Charme und Melone. Der Geist des Duke von Benedict. Krimiserie 97-105 **11.00** Time Tunnel. Die Mauern von Jericho. SF-Serie 75-969 **12.00** Heartbreak High Spiel mit dem Feuer. Jugendserie 79-785 **13.00** Kommissar Rex. Serie (Wh von Donnerstag) 55-105 **14.00** Raumschiff Enterprise. Brautschiff Enterprise. SF-Serie. Mit William Shatner, Leonard Nimoy u. a. 59-921

15.00 Nur die Liebe zählt 20-495
Show mit Kai Pflaume
16.00 Baywatch Nights 24-211
Party für einen Toten. Serie
In Mitchs Detektei taucht eine besorgte Mutter aus Utah auf. Sie erzählt ihm, daß ihre Tochter Haley von zu Hause ausgerissen ist und sich wahrscheinlich in Malibu aufhält. Mitch macht sich auf die Suche nach dem Mädchen und kommt dabei einem Verbrechen auf die Spur
oder Regionalprogramm
17.00 Geh aufs Ganze! 99-308
Gewinnpoker
17.45 Nachrichten 5-512-389
17.55 Das Millionenspiel 6-365-476
18.00 ran – Fußball 300-853
1. Bundesliga, 26. Spieltag: Borussia Dortmund – VfL Bochum, Karlsruher SC – FC Schalke 04, SV Werder Bremen – Arminia Bielefeld, Hamburger SV – FC Bayern München, Fortuna Düsseldorf – FC St. Pauli, FC Hansa Rostock – Bayer 04 Leverkusen; 2. Bundesliga, 24. Spieltag
Moderation: Reinhold Beckmann
20.00 Mord für eine Schlagzeile 7-917-605
Fernsehkrimi, Deutschland 1997
Mit Jenny Gröllmann, Rita Lengyel, Christian Wittmann, Oliver Stritzel
Buch: Wolfgang Hesse
Regie: Ulrich Stark
22.05 Die Wochenshow 534-018
Die witzigsten Nachrichten der Welt
22.35 Die witzigsten Werbespots der Welt 7-749-501
Moderation: Fritz Egner
23.05 Venus im Pelz 8-859-872
Erotikfilm, D/I 1968
Mit Laura Antonelli, Régis Vallée, Renate Kasche, Ewing Loren u. a.
Regie: Max Dillman
0.40 alphateam – Die Lebensretter im OP 1-792-803
Serie (Wh von Donnerstag)
1.30 Ein Mord für Quandt 8-236-709
Serie (Wh von Mittwoch)
2.20 Die Unzertrennlichen 29-335-867
Die Spur des Glücks
Pilotfilm zur 13teiligen Familienserie, Deutschland 1996
(Wh von Freitag)
4.00 Bube, Dame, Hörig (Wh) 2-931-896
4.25 ran – Fußball (Wh) 35-231-964

B6 Vergleichen Sie Ihre Einschätzung mit dem Inhalt des folgenden Textes.

Mehr Programme – besseres Fernsehen?

Klaus Bollmeyer, 23, ist ein typischer Zapper. Wenn der Bankangestellte abends vor dem Bildschirm sitzt, legt er die Fernbedienung nicht aus der Hand. Ein schneller Blick in die
5 „Tagesschau" im Ersten Programm, danach umschalten zum Spielfilm bei PRO 7, auf SAT 1 kurz in eine Talkshow hineingeschaut, und schließlich Fußball im Deutschen Sportfernsehen: Wenn man aus 25
10 Fernsehprogrammen auswählen kann, bleibt man selten den ganzen Abend bei einem Sender. „TV-Hopping" oder „Zapping", d. h. das ständige Hin- und Herschalten zwischen verschiedenen Fernsehprogrammen, ist das
15 neueste Hobby von Fernsehbesitzern, die über einen Kabelanschluss verfügen oder eine Satellitenantenne auf dem Dach haben. Wer das hat, kann in Deutschland praktisch rund um die Uhr fernsehen. Die Auswahl unter
20 einer Vielzahl von Programmen, die miteinander konkurrieren, fällt jedoch nicht leicht, und das Angebot wächst ständig.
Das war allerdings nicht immer so. Als nach Kriegsende 1945 das Rundfunk- und
25 Fernsehwesen neu aufgebaut werden musste, gab es zwei Ziele: Auf keinen Fall sollte ein Rundfunk entstehen, der im Dienste einer Partei stand – so, wie dies während der Zeit des Nationalsozialismus der Fall gewesen war.
30 Man wollte aber auch kein Rundfunk- und Fernsehwesen wie in den USA, das sich größtenteils durch Werbung finanziert. Aus diesen Gründen wurden in verschiedenen Bundesländern selbständige Rundfunkanstal-
35 ten des öffentlichen Rechts gebildet, die es auch heute noch gibt. Sie verwalten sich selbst und finanzieren sich aus Gebühren der Hörer und Zuschauer sowie aus Werbeeinnahmen. Die mittlerweile elf Landesrundfunkanstalten
40 bilden zusammen eine Arbeitsgemeinschaft, die ARD, und senden eine Vielzahl von Hörfunkprogrammen. Das Fernsehprogramm der ARD ist ein Gemeinschaftsprogramm, das aus Beiträgen der einzelnen ARD-Anstalten
45 besteht. Außerdem verbreiten diese Anstalten, allein oder gemeinsam mit anderen, dritte Programme im Fernsehen. Das Zweite Deutsche Fernsehen mit Sitz in Mainz, das ZDF, versteht sich neben der ARD als zweite
50 nationale TV-Kette, die sich ähnlich wie die ARD aus Gebühren und Werbung finanziert. Im Gegensatz zu vielen anderen Ländern waren kommerzielle Anbieter von Rundfunk- und Fernsehprogrammen in der Bundesre-
55 publik lange Zeit politisch umstritten, und deshalb gab es ausschließlich die Hörfunk und Fernsehprogramme, die von den öffentlich-rechtlichen Rundfunkanstalten verbreitet wurden. Erst 1984 durften private Hörfunk-
60 und Fernsehveranstalter ihren Sendebetrieb in der Bundesrepublik aufnehmen. Seitdem müssen ARD und ZDF mit privaten Veranstaltern wie SAT 1 oder RTL Plus konkurrieren. Gemeinsam kämpfen sie nicht nur
65 um die Gunst der Zuschauer, sondern auch um die der Werbekunden, was sich nach Ansicht vieler Zuschauer negativ auf die Qualität des Programms auswirkt. Und da bleibt ihnen dann oft nichts anderes übrig, als
70 entweder abzuschalten oder – wie Klaus Bollmeyer – den Fernsehabend mit der Suche nach einem interessanten Programm zu verbringen.

Erläutern Sie mit Hilfe des Textes   B7
- **den Aufbau des Rundfunk- und Fernsehwesens in Deutschland**,
- **die Ursprünge dieses Aufbaus,**
- **Unterschiede zwischen öffentlich-rechtlichen und kommerziellen Anbietern von Rundfunk- und Fernsehprogrammen.**

Auch wenn man bei Kabel- oder Satellitenfernsehen noch von den „neuen Medien"   B8
spricht, sind diese Medien heute schon fast wieder veraltet. Multimedia und
Datenautobahnen sind die Konzepte der Zukunft. Was versteht man unter diesen
Begriffen?

1. Lesen Sie hierzu den folgenden Informationstext. Allerdings fehlen die Satzzeichen. Ergänzen Sie sie und markieren Sie alle Buchstaben, die am Anfang eines Satzes groß geschrieben werden müssen.

Stichwort Multimedia

Unter Multimedia versteht man die Integration von Text Daten Sprache Video und Audio
durch die fortschreitende Digitalisierung wachsen die bisher getrennten Bereiche
Elektronische Datenverarbeitung Information und Kommunikation sowie Fernsehen und
Hörfunk zusammen Personal Computer und Fernsehgeräte bilden eine Einheit das Ergebnis ist die Verschmelzung unterschiedlicher Geräte zum multimedialen Computer-
/Rundfunkterminal Transportwege sind die sogenannten Daten- oder Informationsauto-
bahnen und/oder Satelliten in Zukunft können über einen Kabel- oder Satellitenkanal
nicht mehr ein sondern bis zu zehn Programme gleichzeitig übertragen werden diese
Technik schafft Raum für Hunderte von TV-Programmen und/oder Spartenprogrammen
sowie für Video-Abrufdienste wie Pay-per-view oder Teleshopping

2. Ergänzen Sie nach der Lektüre:

Multimedia ist die Bezeichnung für die Integration von _____ .

Datenautobahnen sind Kabelkanäle, die _____ transportieren.

Der Multimedia-Markt wird von Experten als eines der vermutlich größten Wachstums-   B9
felder der Zukunft angesehen.

Beschreiben Sie anhand der folgenden Übersicht, wie sich die Ausstattung privater Haushalte mit bestimmten Medien im Vergleich zu 1997 in der Zukunft verändern wird.

Von allen Privathaushalten in Deutschland verfügen soviel Prozent über ...	1997	2000	2010
Kabelanschluss	38	52	61
Satellitenempfang	20	34	37
Digitale Empfangsmöglichkeit	-	11	59
PC insgesamt	14	40	80
Multimedia-PC	1	25	60

In Deutschland hat das Multimedia-Zeitalter in einigen Städten bereits begonnen. In Berlin, Hamburg, Stuttgart, Köln, Bonn, Nürnberg, München und Leipzig haben die deutsche Telefongesellschaft Telekom und private Kommunikatons-Unternehmen eine Reihe von Multimedia-Projekten gestartet, die verschiedene Dienste anbieten.

Eine Übersicht über diese Dienste liest sich wie ein englisches Wörterbuch. Wie auch im Bereich der Computertechnologie, stammen die meisten Bezeichungen aus der englischen Sprache und werden in der deutschen Sprache meistens unübersetzt als sogenannte Lehnwörter gebraucht.

B10 Im Folgenden finden Sie einige Beispiele für Multimedia-Dienstleistungen, die gegenwärtig in Deutschland angeboten werden:

- Video-on-demand (Video auf Abruf)
- Services-on-demand (Dienstleistungen auf Abruf)
- Pay-TV (Abonnement-Fernsehen)

Was verbirgt sich Ihrer Meinung nach hinter diesen Begriffen? Lesen Sie die folgenden Erläuterungen und ordnen Sie jeder Erläuterung die entsprechende Bezeichung zu.

_____ ist ein Fernsehprogramm, das gegen eine Monatsgebühr abonniert wird. Eine Weiterführung dieses Angebots ist Pay-per-view: Der Zuschauer zahlt eine Gebühr nur für die Sendung, die er sich wirklich angesehen hat.

_____: Zu diesen Dienstleistungen gehört unter anderem das Teleshopping und das Telebanking. Beim Teleshopping kann der Zuschauer in einem elektronischen Einkaufskatalog blättern und per Knopfdruck Waren bestellen. Beim Telebanking können Bankgeschäfte zu Hause am Bildschirm getätigt werden.

_____: Der Zuschauer ruft bestimmte Programme oder Filme aus einem breiten Angebot zu jeder von ihm gewünschten Zeit ab.

B11 **Diskutieren Sie die folgenden Fragen:**
- **Welche Möglichkeiten bietet die Multimedia-Welt der Zukunft Ihrer Meinung nach?**
- **Welche Vor- und Nachteile wird sie möglicherweise haben?**

B12 **Vergleichen Sie Ihre Einschätzungen mit dem folgenden Artikel.**

Nächste Abfahrt Wohnzimmer – Die Zukunft auf der Datenautobahn

Bei Autobahnen denken viele Menschen zuerst an kilometerlange Staus und stundenlange Wartezeiten. Auf Datenautobahnen aber herrscht tatsächlich Höchstgeschwin-
5 digkeit. Die moderne Digitaltechnik ermöglicht eine weltweite Kommunikation – daheim auf dem Telecomputer, per Knopfdruck und in Sekundenschnelle. Dann werden viele Wege überflüssig: Kein Warten mehr am Bankschal-
10 ter, kein Gedränge mehr beim Einkauf, Videos und Informationen per Fernbedienung direkt ins Haus und das rund um die Uhr.
In den Wohnzimmern und Büros der Zukunft wird kein normaler Fernseher mehr stehen,
15 sondern ein Telecomputer – eine Kombination aus Fernseher, Telefon, Fax und PC. Dieser Alleskönner unterscheidet sich vom herkömmlichen Fernseher vor allem durch eines: Er ist interaktiv. Der TV-Kanal ist dann
20 keine Einbahnstraße mehr – über einen Rückkanal steht der Zuschauer in direkter Verbindung mit dem Sender. Bei einer Sportübertragung zum Beispiel wird es möglich sein, zwischen verschiedenen Kamera-
25 positionen zu wählen, und Spielfilme werden gleich in mehreren Versionen gedreht – wel-

che davon über den Bildschirm flimmert, entscheidet der Zuschauer über seine Fernbedienung.

30 Derzeit wird in Deutschland getestet, was den Zuschauern gefällt. In verschiedenen Projekten möchten Anbieter herausfinden, wie der Kunde von morgen mit Diensten wie Pay-per-view oder Video-on-demand umgeht,
35 welche Preise er dafür bezahlen will und wie häufig er solche Angebote nutzt. Einfach wird die Qual der Wahl wohl nicht werden, denn immerhin stellt die Medienbranche bis zu 500 Kanäle in Aussicht. Herkömmliche Fernseh-
40 stationen werden dann mit neuen Anbietern um die Gunst der Zuschauer kämpfen. Eine Auswahl:
● Spartenprogramme wie z. B. reine Nachrichten- oder Sportkanäle, aber auch
45 eigene Sender für Hobbyköche oder Esoteriker.

● Elektronische Zeitungen, die dem Leser auch Hintergrundinformationen aus den Archiven liefern.
50 ● Pay-TV-Sender, deren Programm der Zuschauer abonnieren muss.
● Pay-per-View-Sender, bei denen der Zuschauer nur für die Beiträge bezahlt, die er tatsächlich gesehen hat.
55 ● Video-on-demand-Sender, bei denen der Zuschauer einen Wunsch-Film abrufen kann.
Und selbstverständlich kann jedermann über den Telecomputer auch telefonieren, faxen,
60 Videokonferenzen schalten, sich in einem Restaurant einen Tisch reservieren oder schlicht und einfach Datenverarbeiten. Telebanking wird genauso zum Alltag gehören wie Telearbeit und Teleshopping. Was für Aussich-
65 ten ...

1. **Entwerfen Sie mit Hilfe des Artikels ein Interview mit einem Medienexperten. Verwenden Sie die folgenden Fragen. Vielleicht fallen Ihnen noch weitere Fragen ein?**
● Welche Möglichkeiten bietet die moderne Digitaltechnik?
● Wie werden Wohnzimmer und Büros der Zukunft aussehen?

B13

- Wie funktioniert „interaktives Fernsehen"?
- In Deutschland gibt es eine Reihe von Multimedia-Projekten. Welches Ziel haben diese Projekte?
- Welche neuen Programmarten bietet Multimedia?
- Wie wird sich Multimedia für die herkömmlichen Fernsehsender auswirken?
- Wozu kann man einen Telecomputer benutzen?

2. Schreiben Sie das Interview so auf, wie man es in einer Zeitschrift finden würde.

B14

Beurteilen Sie die in dem Artikel beschriebene Medien-Entwicklung. Welche Chancen, aber vielleicht auch Risiken birgt eine Multimedia-Welt? Tragen Sie die Ergebnisse in die nachfolgende Tabelle ein.

MULTIMEDIA	
Chancen (+)	Risiken (-)
●	●
●	●
●	●
●	●

Auswertung zu B 2

0 – 6 Punkte: Im Grunde genommen könnten Sie Ihr Fernsehgerät auch verschenken, denn Sie brauchen es eigentlich nicht. Bei Ihnen besteht keine Gefahr, fernsehsüchtig zu werden. Weiter so!

7 – 12 Punkte: Sie gehören offensichtlich zu den Menschen, die ihren Fernsehkonsum kontrollieren können. Trotzdem sollten Sie aufpassen. Es gibt auch andere Dinge im Leben!

13 – 18 Punkte: Sie sind auf dem besten Wege, fernsehsüchtig zu werden oder sind es bereits. Wahrscheinlich haben Sie Übergewicht, weil Sie sich zu wenig bewegen. Sie sollten Ihr Fernsehgerät für mindestens vier Wochen nicht benutzen und Ihre Freizeit mit Ihren Freunden oder mit Sport und anderen Aktivitäten verbringen. Sie werden sehen: Es lohnt sich!

7 Umwelt und Verkehr

Deutsche Umweltsorgen

A1 In dieser Zeichnung fehlt der Originaltext der Sprechblasen. Erfinden Sie einen geeigneten Text.

A2 Heutzutage gibt es eine Reihe von Problembereichen, die die Menschen beunruhigen. Hierzu gehören z. B.:

- die Bodenverseuchung
- die Luftverschmutzung
- der Müll
- der Verkehr
- die Veränderung des Klimas
- die Kernkraftnutzung
- die Meeresverschmutzung
- das Ozonloch
- die Trinkwasserqualität
- das Waldsterben

Klären Sie die Begriffe. Welche der genannten Umweltprobleme machen Ihrer Meinung nach den Menschen in Deutschland bzw. in Ihrem Heimatland die meisten Sorgen? Erstellen Sie eine Rangfolge und diskutieren Sie die Ergebnisse.

Umweltsorgen in Deutschland	Umweltsorgen im Heimatland
1.	1.
2.	2.
3.	3.
4.	4.
5.	5.
6.	6.
7.	7.
8.	8.
9.	9.
10.	10.

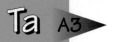 A3

Vergleichen Sie Ihre Einschätzung in Bezug auf Deutschland mit dem Inhalt des folgenden Textes. Er enthält u. a. Ergebnisse einer Umfrage in West- und Ostdeutschland. Suchen Sie beim ersten Lesen nur nach diesen Ergebnissen und unterstreichen Sie sie.

Umweltsorgen trotz verbessertem Umweltschutz

Die Umweltverschmutzung ist mittlerweile ein Problem, auf das man weltweit aufmerksam geworden ist. Ein Land wie Deutschland ist von diesem Problem
5 besonders betroffen. Es hat viel Industrie, ist dicht besiedelt und außerdem von anderen Industrieländern umgeben. Der Begriff Umweltschutz ist jedoch erst seit 1970 in der Bundesrepublik gebräuchlich.

10 Die Probleme der zunehmenden Umweltverschmutzung waren nach dem Zweiten Weltkrieg zunächst durch den Wiederaufbau und die Probleme bei der Versorgung der Bevölkerung sowie später
15 durch die Befriedigung steigender Konsumbedürfnisse verdrängt worden. Eine grundlegende Wende zeichnete sich erst Ende der 60er Jahre ab. Vermehrt wurde Kritik an den rein auf Gewinn ausgerichteten Zielvorstellungen der Wirtschaft
20 geübt. Die Notwendigkeit des Baus immer neuer Industriekomplexe und Straßen wurde zunehmend in Frage gestellt. Die Unzufriedenheit der Bürger mit der
25 Umweltpolitik der Regierung führte zur Gründung von sogenannten Bürgerinitiativen für den Umweltschutz. Aus diesen entwickelte sich die Partei der Grünen. Sie wurde Anfang 1980 gegründet und hat
30 seitdem einen maßgeblichen Einfluss auf die Umweltpolitik. Doch erst als 1986 der Reaktorunfall in Tschernobyl die Gefahren der Kernkraftnutzung deutlich machte, reagierte die damalige Bundesregierung
35 mit der Einrichtung eines Bundesministeriums für Umwelt, Naturschutz und Reaktorsicherheit.

Trotz vieler Maßnahmen zu einer Verbesserung des Umweltschutzes gibt es aber
40 nach wie vor eine Reihe von Problembereichen, die den Menschen in Deutschland Sorgen machen. Dies wurde z. B. bei einer Umfrage des Mannheimer Instituts für praxisorientierte Sozialfor-
45 schung (IPOS) deutlich. Sie ergab, dass die Luftverschmutzung für die Bürger in Ost- und Westdeutschland die Umweltsorge Nummer eins ist. Ansonsten haben die Umweltsorgen in den neuen und alten
50 Bundesländern aber durchaus unterschiedliches Gewicht. Während in Westdeutschland das Ozonloch auf Platz zwei rangierte und von 24 Prozent der Befragten als dringendes Umweltproblem
55 genannt wurde, erschien es bei den ostdeutschen Bürgern erst auf Platz sechs (20 Prozent).

Insgesamt ergab die Umfrage, dass die Umweltsorgen im Osten größer sind als
60 im Westen. 49 Prozent der befragten Bürger nannten nach der Luftverschmutzung den Müll als größtes Umweltproblem, gefolgt vom Waldsterben (29 Prozent), der Trinkwasserqualität (24
65 Prozent), dem Ozonloch (20 Prozent), den Veränderungen des Klimas (19 Prozent) und der Bodenverseuchung (17 Prozent). Diese macht den Bundesbürgern in Westdeutschland offensichtlich wenig Sorgen,
70 denn sie wurde nicht genannt. Stattdessen war es die Meeresverschmutzung, die immerhin 14 Prozent der Westbürger als Problem sahen.

Auch über die Folgen der Kernkraftnut-
75 zung wurde unterschiedlich geurteilt. Sie wurden nur in Westdeutschland von 15 Prozent der Befragten als Umweltproblem gesehen. Trotz veralteter Kernkraftwerke sind für die Bürger in Ostdeutschland
80 offensichtlich andere Umweltprobleme wichtiger. Ein weiterer Unterschied liegt in der Beurteilung des Verkehrs. Er wurde im Osten von 25 Prozent der Befragten als Umweltproblem genannt, im Westen dage-
85 gen gar nicht erwähnt. Dort bereiteten neben den bereits genannten Problemen die Trinkwasserqualität (19 Prozent), der Müll (18 Prozent), das Waldsterben (17 Prozent) und die Klimaveränderungen (16
90 Prozent) den Befragten Sorgen.

Ergänzen Sie mit Hilfe des Textes in A 3 die folgende Übersicht. ◀ A4

Deutsche Umweltsorgen	
Von je 100 befragten Bundesbürgern nannten als Umweltprobleme:	
Im Westen	**Im Osten**
41 die	53 die
24 das	49 den
19 die	29 das
18 den	25 den
17 das	24 die
16 die	20 das
15 die	19 die
14 die	17 die

Im Text werden verschiedene Zeitangaben gemacht. Suchen Sie alle ◀ A5
Zeitangaben heraus und schreiben Sie diese in chronologischer Reihenfolge in
die nachstehende Tabelle. Notieren Sie dann in Stichworten, worauf sich die
Zeitangaben beziehen. Berichten Sie über Ihre Ergebnisse.

	Wann?	Was?
1.		
2.		
3.		
4.		
5.		

1. **Seit etwa 1970 hat sich die Einstellung gegenüber einer zunehmenden** ◀ A6
   Umweltverschmutzung in Deutschland gewandelt. Mit welchem der fol-
   genden Adjektive lässt sich die Einstellung <u>vor</u> und <u>nach</u> 1970 am besten
   charakterisieren?

   ❏ gleichgültig   ❏ kritisch   ❏ negativ   ❏ positiv

2. **Begründen Sie Ihre Entscheidungen.**

Einstellung gegenüber zunehmender Umweltverschmutzung in Deutschland

vor 1970 Begründung:	**nach** 1970 Begründung:
_____	_____
_____	_____
_____	_____
_____	_____

3. **Hat es in Ihrem Land eine ähnliche Entwicklung gegeben?**

A7 Überlegen Sie, warum die im Text (**A 3**) genannten Problembereiche den Menschen in Deutschland Sorgen machen. Welche Ursachen haben sie?

A8 Wie könnten sich die angesprochenen Umweltprobleme lösen lassen? Sammeln Sie Lösungsvorschläge. Überlegen Sie auch, welche Schwierigkeiten eine Durchführung verhindern könnten.

Prognosen für die Zukunft

Die Luftverschmutzung ist in Deutschland das Umweltproblem Nummer eins. Hauptverursacher ist der zunehmende Autoverkehr. Vor allem in den neuen Bundesländern wird die Zahl der Autos in den nächsten Jahren stark zunehmen.
Die Grafik zeigt Ihnen, wie sich die Zahl der Personenkraftwagen (Pkw) in der Bundesrepublik voraussichtlich entwickeln wird.

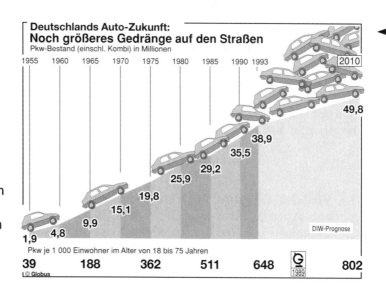

A9 **Sp**

Deutschlands Auto-Zukunft:
Noch größeres Gedränge auf den Straßen
Pkw-Bestand (einschl. Kombi) in Millionen

| 1955 | 1960 | 1965 | 1970 | 1975 | 1980 | 1985 | 1990 1993 | 2010 |

49,8
38,9
35,5
29,2
25,9
19,8
15,1
9,9
1,9 4,8

DIW-Prognose

Pkw je 1 000 Einwohner im Alter von 18 bis 75 Jahren

| 39 | 188 | 362 | 511 | 648 | 802 |

© Globus

G 1989

Beschreiben Sie anhand der Grafik die voraussichtliche Entwicklung des Pkw-Bestands in Deutschland. Verwenden Sie die nachstehenden Redemittel.

Man rechnet damit,		*sich*		auf ... *erhöhen* **wird.**
Es wird erwartet,	dass	—	die Zahl der Pkw im Jahre ...	auf ... *steigen* **wird.**
Man schätzt,		—		— ... *betragen* **wird.**

Wahrscheinlich		*sich*		auf ... *erhöhen.*
Voraussichtlich	**wird**	—	die Zahl der Pkw im Jahre ...	auf ... *steigen.*
Vermutlich		—		— ... *betragen.*

Das Interview der Woche: Entwicklung der Autozahlen in Deutschland

A10

Herr Dr. Wibolt arbeitet im Bundesministerium für Verkehr. Ein Journalist der Zeitschrift „Autowelt" möchte ihn über die zukünftige Entwicklung der Autozahlen in Deutschland befragen.

1. **Überlegen Sie sich Fragen, die der Journalist Herrn Dr. Wibolt stellen könnte. Beantworten Sie die Fragen mit Informationen aus der Grafik in A 9.**
2. **Stellen Sie die Fragen des Journalisten und die Antworten von Herrn Dr. Wibolt als Interview in einem Rollenspiel nach.**
3. **Schreiben Sie das Interview so auf, dass es in der Zeitschrift „Autowelt" erscheinen könnte.**

Wortbildung: Nominalisierung mit der Vorsilbe Ge-

A11 **Sp**

In der Grafik (A 9) finden Sie in der Überschrift das Nomen (Substantiv) „Gedränge". Dieses Nomen ist mit Hilfe der Vorsilbe „Ge-" aus dem Verb „drängen" entstanden: **Ge-***dränge*. Nomen, die auf diese Weise gebildet werden, haben meistens den Artikel „das". Viele haben eine negative Bedeutung.

Vergleichen Sie:

reden ➡ das Gerede: Sein ständiges *Gerede* geht mir auf die Nerven.
tun ➡ das Getue: Was soll dieses dumme *Getue?*

Welche anderen Nomen dieser Art kennen Sie? Ergänzen Sie.

das Ge-

A12

1. **Welche Gründe gibt es Ihrer Meinung nach für die zunehmende Zahl von Autos in der Bundesrepublik?**
2. **Welche Folgen könnte diese Entwicklung haben?**

Sp A13

Begründungen

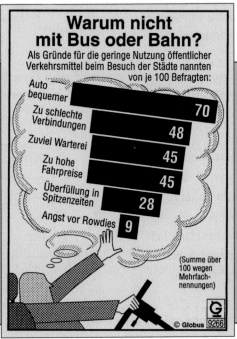

Warum nicht mit Bus oder Bahn?

Als Gründe für die geringe Nutzung öffentlicher Verkehrsmittel beim Besuch der Städte nannten von je 100 Befragten:

Auto bequemer	70
Zu schlechte Verbindungen	48
Zuviel Warterei	45
Zu hohe Fahrpreise	45
Überfüllung in Spitzenzeiten	28
Angst vor Rowdies	9

(Summe über 100 wegen Mehrfach-nennungen)

© Globus 9266

Obwohl ...
● der Autoverkehr der Hauptverursacher der Luftverschmutzung in Deutschland ist,
● Staus zur Alltagserfahrung jedes Autofahrers gehören,
● es immer schwieriger wird, in den Städten einen Parkplatz zu finden,
fahren viele Leute in Deutschland lieber mit ihrem Auto als mit öffentlichen Verkehrsmitteln. Warum? Die Grafik oben zeigt Ihnen einige Gründe.

Was passt zusammen? Ergänzen Sie die Sätze mit Hilfe der Grafik und des Kastens (S. 103). Achten Sie darauf, dass sowohl inhaltlich als auch sprachlich korrekte Sätze entstehen.

1. 70 Prozent nutzen die öffentlichen Verkehrsmittel nicht, _____
_____ .

2. 48 Prozent finden die Verbindungen schlecht. _____
_____ .

3. Wegen zu langer Wartezeiten _____

   _____ .

4. 45 Prozent fahren nicht mit dem Bus oder der Bahn, _____

   _____ .

5. Die Überfüllung in Spitzenzeiten ist für 28 Prozent ein Grund, _____

   _____ .

6. Aus Angst vor Rowdys _____

   _____ .

a da ihnen die Fahrpreise zu hoch sind.	**d** weil sie das Auto bequemer finden.
b die öffentlichen Verkehrsmittel nicht zu nutzen.	**e** nutzen 9 Prozent die öffentlichen Verkehrsmittel nicht.
c Deshalb fahren sie nicht mit dem Bus oder der Bahn.	**f** fahren 45 Prozent nicht mit dem Bus oder der Bahn.

Es gibt mehrere sprachliche Möglichkeiten, etwas zu begründen. Die Frage „Warum fahren so wenig Leute mit dem Bus oder der Bahn in die Stadt?" kann man auf verschiedene Weise beantworten, z. B.: **A14**

....

70 Prozent der Befragten finden das Auto bequemer. Deshalb fahren sie nicht mit dem Bus oder der Bahn in die Stadt.

....

70 Prozent der Befragten fahren nicht mit dem Bus oder der Bahn in die Stadt, **weil sie das Auto bequemer finden.**

....

Finden Sie für die Begründungen aus A 13 andere Ausdrucksmöglichkeiten mit den Konnektoren *weil, da, darum, deshalb, aus diesem Grund* **und den Präpositionen** *aus* **(+ Dativ) bzw.** *wegen/auf Grund* **(+ Genitiv). Begründen Sie, warum einige Satzverbindungen nicht möglich sind.**

Nominalisierung mit der Nachsilbe -erei

 **A15**

In der Grafik (A 13) finden Sie das Nomen „Warterei". Dieses Nomen ist aus dem Stamm eines Verbs entstanden: **wart**-en. Nomen, die auf diese Weise gebildet werden, haben den Artikel „die" und oft eine negative Bedeutung.

Welcher Bedeutungsunterschied ergibt sich aus der Nachsilbe „-erei" gegenüber dem nominalisierten Verb? Vergleichen Sie.

warten ➡ das Warten / die Warterei
suchen ➡ das Suchen / die Sucherei

Welche anderen Nomen dieser Art kennen Sie? Ergänzen Sie.

die _____
die _____ ⟩ -erei
die _____

B ▶ Das Auto – der Deutschen liebstes Kind?

Das Auto ist in Deutschland eines der Hauptverkehrsmittel, dadurch aber auch eine der Hauptursachen für Luftverschmutzung und Verkehrsprobleme.

1. **Diskutieren Sie in Gruppen die folgenden Fragen und halten Sie die Ergebnisse in Stichworten schriftlich fest.**
● **Welche Vor- und Nachteile hat das Auto?**
● **Welche Rolle spielt das Auto als Verkehrsmittel**
  a) in Deutschland?
  b) in Ihrem Land?
  c) für Sie persönlich?
● **Welche Kriterien können beim Autokauf eine Rolle spielen? Welche Kriterien sind in Ihrem Land wichtig, welche möglicherweise in Deutschland?**
● **Was sollte man tun, um zu erreichen, dass weniger Menschen das Auto benutzen?**
2. **Präsentieren Sie Ihre Ergebnisse den anderen Gruppen.**

Im folgenden Zeitungsartikel wird über die Ergebnisse einer Verkehrsstudie berichtet. Überprüfen Sie, ob der Text Antworten auf die Fragen aus B1 enthält. Markieren Sie beim Lesen die entsprechenden Textstellen.

VERKEHRSSTUDIE
Leben ohne Auto für Deutsche nicht vorstellbar

Hamburg (dpa) Vier von fünf Bundesbürgern können sich ein Leben ohne Auto nicht vorstellen. Ihre täglichen Wege legen 50 Prozent der Westdeutschen und 43 Prozent
5 der Ostdeutschen als Fahrer oder Beifahrer zurück. Dies hat eine Umfrage ergeben, die vom Nachrichtenmagazin „Der Spiegel" erstellt wurde.
Obwohl viele Menschen Verkehrslärm, ver-
10 pestete Luft und verstopfte Straßen als eine Einbuße an Lebensqualität gerade in Ballungsgebieten empfinden, steigen nur wenige auf andere Verkehrsmittel um. Zeitgewinn ist dabei laut Studie kein Argument: „Fast jede
15 dritte Autofahrt endet nach höchstens drei Kilometern – mit dem Fahrrad ist man in diesem Nahbereich genauso schnell."
Einen Ausweg aus dem Verkehrsdilemma erwarten die Autofahrer durch eine Lösung
20 „von oben". 91 Prozent der Befragten meinen, dass die Regierung die Hersteller zwingen sollte, umweltfreundlichere Autos zu bauen. Für „Tempo 130" auf den Autobahnen plädieren 76 Prozent der Ostdeutschen
25 (Westen: 69 Prozent), für häufigere Verkehrskontrollen 79 Prozent (Westen: 57 Prozent).
Beim Autokauf gibt es Gegensätze im geeinten Deutschland: 37 Prozent der Autokäufer
30 (Osten: 23 Prozent) sind überwiegend sicherheitsorientiert. Im Westen fällt die ausgeprägte Markentreue, im Osten die starke Preisorientierung auf. Für viele Deutsche ist das Auto mehr als ein Transportmittel.

(Quelle: Hessische/Niedersächsische Allgemeine)

Vergleichen Sie Ihre Ergebnisse. Zu welchen Fragen aus B1 liefert der Text Antworten? Fassen Sie die entsprechenden Textstellen in eigenen Worten zusammen.

Vergleichen Sie Ihre Diskussionsergebnisse aus B1 mit dem Inhalt des Zeitungsartikels. Wo gibt es Unterschiede bzw. Gemeinsamkeiten?

Forscher der Universität Bremen haben sich ebenfalls mit der Frage beschäftigt, wie man erreichen kann, dass weniger Menschen das Auto benutzen. Hierzu wurde ein Projekt durchgeführt. Nach Abschluss des Projekts berichteten sowohl Radio Bremen als auch die Presse über die Ergebnisse.

1. Im Folgenden finden Sie die Fragen, die Radio Bremen dem Leiter des Forschungsprojekts, Prof. Klobel, im Rahmen eines Telefoninterviews gestellt hat. Lesen Sie zunächst diese Fragen.

> **Radio Bremen:** Die Frage, wie man erreichen kann, dass weniger Menschen das Auto benutzen, beschäftigt auch die Wissenschaftler. An der Universität Bremen ist hierzu gerade eine Untersuchung durchgeführt worden – mit erstaunlichen Ergebnissen. Am Telefon haben wir den Projektleiter, Prof. Klobel, der uns etwas über die Untersuchung sagen wird.

Radio Bremen:	Zeile	Prof. Klobel
● Guten Tag, Herr Klobel.		
Herr Klobel, welches Ziel hatte Ihre Untersuchung?		
● In welcher Form wurde die Untersuchung durchgeführt?		
● Wie haben Sie denn die Testfamilien für Ihr Projekt gefunden?		
● Wie empfanden die Testfamilien vier Wochen ohne Auto?		
● Wobei hat den Familien das Auto am meisten gefehlt?		
● Gab es noch weitere Nachteile?		
● Wie haben die Familien denn ihr Leben ohne Auto, z. B. beim Einkaufen, gemeistert? Gerade für Großeinkäufe braucht man doch meistens ein Auto.		
● Sie sagten, dass die Familien die vier Wochen ohne Auto als Bereicherung empfanden. Wie erklären Sie sich das?		
● Welche Erkenntnisse haben Sie aus der Untersuchung gewonnen?		
● Hat der Versuch bei den Testfamilien eine Veränderung ihres Verhaltens bewirkt?		
● Das ist ja erstaunlich. Könnte man den Test denn auch auf breitere Bevölkerungsgruppen übertragen?		
● Eine letzte Frage zum Abschluss: Hat das Testergebnis auch Ihr eigenes Verhalten beeinflusst?		
● Vielen Dank für dieses Gespräch.		

2. Suchen Sie im folgenden Zeitungsartikel nach Informationen, mit denen sich die Interviewfragen beantworten lassen. Schreiben Sie die entsprechenden Zeilenzahlen in die erste Spalte neben die jeweilige Frage.

BERICHT ÜBER EIN STÄDTISCHES ABENTEUER
Sechs Testfamilien empfanden vier Wochen ohne Auto als Bereicherung

Der Umwelt zuliebe aufs eigene Auto verzichten und dieses Opfer sogar als Bereicherung empfinden – ist so etwas möglich? Es ist. Das hat jedenfalls eine
5 Untersuchung des Instituts für Stadt- und Sozialforschung der Universität Bremen ergeben. Die Sozialwissenschaftler wollten herausfinden, ob sich auf freiwilliger Basis die Autobenutzung im Stadtverkehr verringern
10 lässt. Durch einen Aufruf in einer Tageszeitung fanden die Forscher sechs Familien, die einen Monat lang – soweit irgendwie möglich – auf ihr Auto verzichteten. Als Ersatz bekamen sie eine Familienmonatskarte für die Bremer
15 Straßenbahn AG. Ihre Erfahrungen notierten die Teilnehmer in einem Tagebuch.
Das Ergebnis der Untersuchung war selbst für die Wissenschaftler überraschend: Die Testteilnehmer vermissten ihren Pkw nur in
20 wenigen Ausnahmefällen. Am meisten fehlte der Wagen bei Großeinkäufen, beim Transport sperriger Gegenstände und bei Verwandtenbesuchen im Umland, wo am Wochenende kaum Busse fahren. In solchen
25 Fällen kam dann doch gelegentlich das Auto zum Einsatz.
Ebenfalls ein Handikap waren zunächst die unübersichtlichen Bus- und Straßenbahnfahrpläne. Wenig Probleme gab es dagegen mit
30 dem Wetter: Selbst „Schönwetterradler", so der Projektleiter, entdeckten allmählich, „wie schön es ist, im Regen zu fahren, wenn man sich entsprechend kleidet." Auch für das Problem der Großeinkäufe ließen sich
35 Lösungen finden: Die einen gingen öfters zu kleinen Läden nebenan, die anderen fuhren mit einem Fahrradanhänger zum Supermarkt. Trotz der vereinzelten Probleme empfanden die Testfamilien den Verzicht aufs Auto insge-
40 samt als Bereicherung. Der Projektleiter erklärt sich das so: „Das Auto schottet die

Benutzer von der Umwelt ab. Sie wollen so schnell wie möglich ans Ziel kommen." Im Bus, auf dem Rad oder zu Fuß wird dagegen
45 viel mehr von der Umgebung wahrgenommen. Man entdeckt plötzlich schöne Hausfassaden, kommt mit Fremden ins Gespräch oder kann während der Busfahrt Zeitung lesen.
50 Die Bremer Soziologen haben daraus die Erkenntnis gewonnen, dass sich ein weitgehender Autoverzicht nicht dadurch erreichen lässt, dass man den Besitzern ein schlechtes Gewissen bereitet, sondern am besten
55 dadurch, dass sie selbst die Erfahrung machen, sich ohne Auto wohler zu fühlen.
Und genau das hat der vierwöchige Versuch bewirkt. Fünf der sechs Familien haben zur großen Überraschung der Wissenschaftler
60 inzwischen ihren Pkw abgeschafft und beteiligen sich stattdessen an privaten Auto-Genossenschaften (sogenannten „car-pools"), wo sich mehrere Personen einen kleinen Fuhrpark teilen. Fraglich erscheint allerdings,
65 wie weit sich der Test auf die breitere Bevölkerung übertragen lässt. Auf jeden Fall müssten zunächst die äußeren Rahmenbedingungen für einen weit gehenden Autoverzicht verbessert werden. Nach
70 Ansicht der Bremer Forscher sollten zum Beispiel Busse auch am Wochenende das Umland bedienen. Der Einzelhandel müsste verstärkt ins Haus liefern, es fehlen Verleihstationen für Fahrradanhänger, und es
75 gibt noch nicht genügend „car-pools".
Übrigens: Angeregt durch den Test hat inzwischen auch der Projektleiter sein Auto verkauft.

(Quelle: Süddeutsche Zeitung)

3. Ihre Aufgabe ist es, die Antworten von Herrn Prof. Klobel zu rekonstruieren. Lesen Sie den Text ein zweites Mal und schreiben Sie die Informationen des Textes, die Sie dafür verwenden können, stichwortartig in die zweite Spalte neben die jeweilige Frage.

4. Übernehmen Sie in einem Rollenspiel die Rolle von Prof. Klobel. Verwenden Sie hierfür Ihre Notizen.
5. Rekonstruieren Sie das Interview in schriftlicher Form.

B6 Kommentieren Sie die Ergebnisse der Untersuchung und vergleichen Sie sie mit den Ergebnissen der Verkehrsstudie in **B 2**. Welchen der vorgeschlagenen Wege zur Reduzierung der Umweltbelastung durch den Autoverkehr halten Sie für den besten? Begründen Sie Ihre Meinung.

Informationsmaterial zum Thema Umwelt und Verkehr erhalten Sie von folgenden Institutionen:

Bundesministerium für Umwelt, Naturschutz und Reaktorsicherheit, Postfach 12 06 29, Kennedyallee 5, D-53175 Bonn
http://www. bmv.de

Bundesministerium für Verkehr, Postfach 20 01 00, Robert-Schuman-Platz 1, D-53175 Bonn
http://www. bmv.de

Die Grünen (Anschrift s. Kapitel 3)

Bund für Umwelt und Naturschutz in Deutschland e.V. (BUND), Postfach 30 02 20, Im Rheingarten 7, D-53225 Bonn

Allgemeiner Deutscher Automobil Club (ADAC), D-81360 München
http://www. adac.de

Lösungen zu A 1
„Wenn die nicht endlich aufhören, die Regenwälder abzuholzen,
kannste unsere Erdatmosphäre echt vergessen, ...
„... aber die denken ja nur an ihren Profit!"

8

Bildung
und
Ausbildung

A

Das Bildungswesen in Deutschland

Die Schulzeit ist eine der wichtigsten Phasen im Leben. Für viele ist sie auch eine Zeit, an die sie später gern zurückdenken.

?? A1 **Woran denken Sie bei dem Wort „Schule"?**

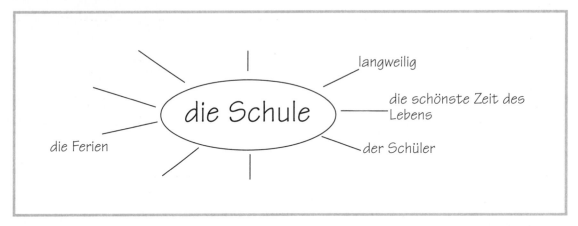

die Schule

langweilig

die schönste Zeit des Lebens

die Ferien

der Schüler

Ta A2 Egal, was man über die Schulzeit denkt: Die Zeit in der Schule bestimmt meistens auch den weiteren Lebensweg. Besonders wichtig ist das letzte Schuljahr, denn dann muss man entscheiden, was man nach der Schule machen will. Die folgenden drei Schüler haben sich bereits entschieden.

Ich bin in der 11. Klasse des Gymnasiums. Wenn alles gut geht, mache ich in zwei Jahren das Abitur. Danach möchte ich studieren, am liebsten Medizin. Aber ich weiß noch nicht, ob ich einen Studienplatz bekomme. Das hängt von meinem Abiturzeugnis ab.

Marion, 17 Jahre

Ich bin Hauptschüler und besuche die 9. Klasse. In zwei Monaten bin ich mit der Schule fertig. Dann habe ich den Hauptschulabschluss und werde eine Lehre als Automechaniker machen. Einen Ausbildungsplatz habe ich schon.

Elmar, 15 Jahre

Ich besuche die Realschule und bin in der 9. Klasse. Nächstes Jahr werde ich die Schule mit dem Realschulabschluss verlassen. Dann würde ich am liebsten eine Lehre als Bankkaufmann machen. Im Augenblick suche ich allerdings noch einen Ausbildungsplatz.
Jörg, 15 Jahre

Elmar, Jörg und Marion gehen auf verschiedene Schulen und haben verschiedene Berufsziele.

Welche Unterschiede gibt es? Ergänzen Sie die nachstehende Tabelle und beschreiben Sie die Unterschiede mit eigenen Worten.

	Elmar	Jörg	Marion
Schulart			
Ende der Schulzeit nach Klasse ...			
Schulabschluss			
Alter am Ende der Schulzeit			
Ausbildung nach der Schulzeit			
Berufswunsch			

Als rohstoffarme Industrienation ist die Bundesrepublik Deutschland auf gut ausgebildete Fachkräfte angewiesen. Deshalb werden in Deutschland hohe Geldsummen in die Bildung investiert, und der Besuch aller öffentlichen Schulen und Hochschulen ist kostenlos. Für wesentliche Teile des Bildungswesens sind die Bundesländer zuständig. Dies erklärt, warum es in den verschiedenen Bundesländern auch verschiedene Schulmodelle

Die nachfolgende (stark vereinfachte) Darstellung gibt Ihnen weitere Informationen über das Bildungswesen in Deutschland.

Ergänzen Sie auf den freien Linien die fehlenden Schultypen.

Berufstätigkeit			
Berufstätigkeit **und/oder** Weiterbildung (bis oder einschließlich Studium möglich)		Studium **und/oder** Berufsausbildung	

Schuljahr

13 12 11	Berufsausbildung im Betrieb + Berufsschule (Duales System) *oder* Besuch einer Berufsfachschule *oder* Fachoberschule	**Abitur**	**Abitur** Gymnasiale Oberstufe
10 9 8 7	z.T. 10. Schuljahr .... **abschluss**	**Mittlere Reife**	....	Gesamtschule (umfasst alle drei Schularten)
6 5	In den meisten Bundesländern: Orientierungsstufe (zur Entscheidung, welche Schule am besten für das Kind geeignet ist)		
4 3 2 1	Grundschule (für alle Kinder ab dem Alter von 6 Jahren)		
	Kindergarten (freiwillig)		

A4 ▶ **Ergänzen Sie beim Lesen des folgenden Textes die fehlenden Wörter mit Hilfe der Übersicht aus A 3.**

Das Bildungswesen in Deutschland

Im Alter von sechs Jahren fängt auch für die Kinder der „Ernst des Lebens" an, denn dann beginnt die Schulzeit. Alle Kinder gehen zunächst vier Jahre lang in die

5 _____. Nach der vierten Klasse wechseln sie in eine weiterführende Schule. Hier besuchen sie zunächst (in den meisten Bundesländern) für zwei Jahre eine _____

10 (Klasse 5 und 6). In dieser Zeit soll festgestellt werden, ob der gewählte Schultyp auch tatsächlich den Fähigkeiten des Kindes entspricht. Wenn nicht, kann nach der 6. Klasse der Schultyp gewechselt werden.

15 Zwei der drei traditionellen weiterführenden Schulen sind die _____, die nach der 9. oder 10. Klasse endet, und die _____, die nach der 10. Klasse abgeschlossen wird. Ungefähr zwei

20 Drittel der Schüler besuchen eine dieser beiden Schulen. Beide Schulabschlüsse sind in der Regel Voraussetzung für den Beginn einer beruflichen _____. Diese findet meistens in einem Betrieb oder

25 Unternehmen statt. Parallel dazu wird drei Jahre lang an ein bis zwei Tagen in der Woche die _____ besucht. Dieses System der Berufsausbildung wird als _____ bezeichnet.

30 Wenn man die Berufsausbildung abgeschlossen hat, kann man sich auf vielen verschiedenen Wegen weiterbilden. Es ist z. B. möglich, das Abitur nachzuholen und dann zu studieren.

35 Die Schulzeit auf dem _____ oder am Ende der _____ Oberstufe endet, je nach Bundesland, in der 12. oder 13. Klasse mit dem Abitur. Rund 30 Prozent aller Schüler eines Altersjahrgangs

40 (1960: 5 Prozent) beenden heute die Schule mit diesem Abschluss. Er ist die Voraussetzung für die Aufnahme eines Studiums an einer Universität. Außerdem gibt es in den meisten Bundesländern _____

45 oder Schulzentren, wo die drei weiterführenden Schularten entweder nur räumlich oder auch organisatorisch zusammengefasst sind. In den neuen Bundesländern haben verschiedene Schulmodelle aus dem Westen die

50 Schulformen der DDR abgelöst. In der ehemaligen DDR dauerte die Schulzeit bis zum Abitur jedoch nur 12 Jahre. Dies ist in den neuen Bundesländern beibehalten worden, und es gibt Überlegungen, in der gesamten

55 Bundesrepublik die Schulzeit bis zum Abitur auf 12 Jahre zu verkürzen.

Relativsätze

Ergänzen Sie die fehlenden Wörter.

1. Die _____ ist die Schule, _____ _____ alle Kinder in den ersten vier Jahren der Schulzeit gehen.
2. Die _____ ist die Phase, _____ _____ festgestellt wird, ob die gewählte Schule die richtige ist.
3. Die Schule, _____ nach neun oder zehn Jahren endet, heißt _____ .
4. Die _____ ist die Schule, _____ _____ man von der 5. bis zur 10. Klasse geht.
5. Die Schule, _____ _____ man nach 13 Jahren die Berechtigung zum Studium erwerben kann, ist das _____ .
6. Die Schule, _____ _____ alle drei weiterführenden Schultypen zusammengefasst sind, nennt man _____ .
7. Der Schulabschluss, _____ man braucht, um studieren zu können, heißt _____ .
8. Die _____ ist die Schule, _____ man während der Berufsausbildung besuchen muss.

Beschreiben Sie auf die gleiche Weise wie in A 5 die Schularten, die es in Ihrem Land gibt.

Deutsche Eltern haben genaue Vorstellungen davon, welche Schule ihr Kind besuchen soll oder ob es ein Studium oder eine Berufsausbildung absolvieren soll. Außerdem stehen sie der Schulausbildung sehr kritisch gegenüber, wie eine Umfrage gezeigt hat. Folgende Fragen hat man den Eltern gestellt:

1. Welchen Schulabschluss wünschen Sie sich für Ihr Kind?
2. Sollte Ihr Kind länger die Schule besuchen oder eine Lehrstelle annehmen?
3. Sollte Ihr Kind ein Studium oder eine Berufsausbildung absolvieren?
3. Worauf wird Ihrer Meinung nach in der Schule am wenigsten geachtet?

Überlegen Sie, was die Eltern geantwortet haben könnten.

Vergleichen Sie Ihre Einschätzung mit dem folgenden Text.

Deutsche wollen hoch hinaus
Trend zu mehr Bildung und Studium

Mit ihren bildungspolitischen Ansprüchen wollen die Deutschen nach wie vor hoch hinaus. Bei einer Repräsentativumfrage in den alten Bundesländern äußerten 53 Prozent der

5 befragten Eltern den Wunsch, dass ihr Kind Abitur machen solle. 36 Prozent gaben einem mittleren Abschluss den Vorzug, und nur elf Prozent kreuzten den Hauptschulabschluss an.

10 Ähnliche Bildungswünsche ergaben sich bei Umfragen in den neuen Bundesländern. Dort wünschen sich 51 Prozent der Eltern für ihre Kinder Abitur, 36 Prozent einen mittleren Bildungsabschluss und 13 Prozent den

15 Hauptschulabschluss.

Im Zweifel für Abitur und Studium äußerten sich Eltern in West und Ost auch bei der Frage, ob Kinder länger die Schule absolvieren oder aber eine Lehrstelle annehmen soll-

20 ten. 69 Prozent der Eltern in Westdeutschland (63 Prozent im Osten) empfehlen einen weiteren Schulbesuch. 1985 waren es nur 49 Prozent gewesen. Bei der Alternative Studium oder Berufsausbildung raten 55 Prozent (57

25 im Osten) zur Universitätsausbildung. 1985 waren es nur 39 Prozent gewesen.

Eine Trendwende stellten die Bildungsforscher bei den Antworten auf die Frage fest, worauf in der Schule zu wenig geachtet

30 werde. 40 Prozent der Befragten im Westen gaben Disziplin an, 36 Prozent nannten Höflichkeit und gute Umgangsformen, 31 Prozent Allgemeinbildung. Erstmals – so die Bildungsforscher – fänden sich damit Diszi-

35 plin und Höflichkeit auf den ersten Plätzen. In den vergangenen Jahren sei Allgemeinbildung das meistgewählte Kriterium gewesen.

(Quelle: Frankfurter Rundschau)

Ergänzen Sie die Übersicht mit den Umfrageergebnissen aus dem Zeitungstext zu A 8. ◀A9

„Welchen Schulabschluss wünschen Sie sich für Ihr Kind?"		
	West (%)	Ost (%)
Abitur		
Mittlere Reife		
Hauptschulabschluss		

„Sollte Ihr Kind länger die Schule absolvieren oder eine Lehrstelle annehmen?"		
	West (%)	Ost (%)
weiterer Schulbesuch		
Lehrstelle		

„Sollte Ihr Kind ein Studium oder eine Berufsausbildung absolvieren?"		
	West (%)	Ost (%)
Studium		
Berufsausbildung		

„Worauf wird in der Schule am wenigsten geachtet?"		
	West (%)	Ost (%)
Disziplin		
Höflichkeit/gute Umgangsformen		
Allgemeinbildung		

Sehen Sie noch einmal im Text „Das Bildungswesen in Deutschland" (A 4) nach, wie viele Schüler gegenwärtig das Abitur machen bzw. die Haupt- oder Realschule besuchen. Vergleichen Sie die Elternwünsche mit der Realität. Was wird deutlich? ◀A10

Welche Ergebnisse hätte eine ähnliche Umfrage möglicherweise in Ihrem Land?

1. Falls Sie Kinder haben oder haben wollen:
   Welche Ausbildung würden Sie sich für Ihr Kind wünschen?
   Warum?

2. Falls Sie noch zur Schule gehen:
   Welchen Ausbildungsweg werden Sie nach dem Abschluss der Schule einschlagen?
   Warum?

B

??

Das Bildungswesen in der Kritik

B1 1960 begannen nur etwa acht Prozent eines Altersjahrgangs ein Studium. Heute dagegen bewirbt sich fast jeder dritte um einen Studienplatz. Der zunehmende Trend zur höheren Bildung wird in Deutschland jedoch nicht immer positiv gesehen, denn er bringt viele Probleme mit sich. Viele Politiker und Vertreter der Wirtschaft sind mittlerweile der Ansicht, dass eine solide Berufsausbildung mindestens ebenso gute Chancen für eine Karriere bietet wie ein Studium.

Was denken Sie?

Ta **B2** **Vergleichen Sie Ihre Meinung mit den Informationen des folgenden Artikels.**

Allgemeine Hochschulreife erst nach der 13. Klasse
Haben Abiturienten überhaupt Ahnung vom Berufsalltag?

Hildesheim. Klassische Musik vom Schulorchester, feierliche Kleidung der rund 200 Gäste, engagierte Festreden – auf dem Gymnasium Josephinum weiß man das
5 Abitur ausgiebig zu feiern. Nur Hausherr Bischof Josef Homeyer fasste sich kurz: „Bleibt, wie Ihr seid oder werdet noch ein bisschen besser", gab er den 18- bis 20-jährigen mit auf den Weg.

10 War es unbewusst oder ein Wink fürs Leben? Auf jeden Fall traf der Kirchenvater den Nagel auf den Kopf. Denn: Das Abitur hat seinen Glanz verloren. Heute kritisieren Professoren die mangelnde Studierfähigkeit
15 der Gymnasial-Abgänger. Auch Personalchefs berichten von Einser-Abiturienten, deren Deutschkenntnisse ebenso zu wünschen übrig lassen wie die der Fremdsprachen. Die Hochachtung der Unternehmen vor akademi-
20 schen Titeln hält sich in Grenzen.

Die 84 Prüflinge des altehrwürdigen Gymnasiums Josephinum in Hildesheim können einen Notendurchschnitt von 2,36 vor-

25 weisen. Das ist landesweit außerordentlich gut. 19 mal steht eine Eins vor dem Komma, vier Abiturienten haben sogar eine 1,0.

Lange Studienzeiten, überfüllte Hörsäle, eine Abbrecherquote nahe 30 Prozent, Frust bei Lehrenden und Studierenden. Obwohl 30 Deutschlands Universitäten ihren Aufgaben in Forschung und Lehre kaum noch gerecht werden können, will trotzdem auch der größte Teil der Josephiner den Sprung auf die Hochschule wagen.

Ausbildung statt grauer Theorie
35 Einige ziehen der langen Theorie erst eine fundierte Berufsausbildung vor, fast alle wollen in die kaufmännischen Bereiche. Laut einer Langzeitstudie der Hochschul-Informations-System GmbH in Hannover halten diese 40 doppelt Qualifizierten ihre Ausbildung für den optimalen Weg. „Ich mache eine Lehre zum Bankkaufmann. Mit dem Basiswissen werde ich dann Wirtschaftswissenschaften oder Betriebswirtschaft studieren", plant 45 Marcel Ditte (20).

Lean Production: Böhmische Dörfer
Mit aktuellen Schlagwörtern wie „Lean Production", „Standortdebatte" oder „Gruppenarbeit", die heute zum Einmaleins in der 50 Wirtschaft gehören, wissen er und seine ehemaligen Mitschüler jedoch wenig anzufangen. „Das haben wir zwar mal gehört", geben sie offen zu, „doch davon haben auch die Lehrer keine Ahnung." Erahnen können sie 55 auch höchstens, wie ihr späterer Berufsalltag

aussieht. Nur in der 11. Klasse hatten sie mal einen Betrieb von innen gesehen. Und ein Praktikum konnten sie ausschließlich in einer 60 sozialen Einrichtung wie im Kindergarten, Pflegeheim oder Krankenhaus absolvieren – so wollte es die Schule.

Die wird ihre Abgänger wohl auch in Zukunft erst nach der 13. Klasse mit der 65 Allgemeinen Hochschulreife entlassen. Das hilft dem Standort Deutschland jedoch nicht weiter. Denn ein deutscher Absolvent startet im Schnitt erst mit 27,9 Jahren ins Berufsleben. Bis dahin liegt er den Eltern 70 und/oder dem Staat auf der Tasche. Ex-Studenten aus den USA fangen mit 25,5 Jahren an, Geld zu verdienen, die aus Großbritannien sogar schon mit 22,8 Jahren.

1,8 Millionen Studenten drängen sich mitt-75 lerweile in Deutschland auf knapp 900.000 Studienplätzen. In der Flut ertrinkt jedoch die Qualität der Bildung. Andererseits bleiben zu viele Lehrstellen leer, obwohl sie glänzende Berufs- und Einkommenschancen verspre-80 chen.

Weil das Signet „Made in Germany" seinen Glanz den gut ausgebildeten Facharbeitern verdankt, will Simone Schreiber (20) von der Hochschule nichts wissen: „Ich werde Gold-85 schmiedin. Studieren hat doch keine Perspektive."

(Quelle: Aktiv Wirtschaftszeitung)

In Deutschland sind die meisten Schulen staatlich. Es gibt aber auch einige in privater oder (wie z.B. das Josephinum in Hildesheim) in kirchlicher Trägerschaft.

Schulische Leistungen werden in Deutschland folgendermaßen bewertet:

Notensystem	Punktsystem (in der gymnasialen Oberstufe)	Bezeichnung
1	15 - 13	sehr gut
2	12 - 10	gut
3	9 - 7	befriedigend
4	6 - 4	ausreichend
5	3 - 1	mangelhaft
6	0	ungenügend

Dieses Notensystem gilt in der Regel auch an den Universitäten. Zum Bestehen einer Prüfung ist mindestens eine 4 notwendig.

B3 Was ist besser – ein Studium oder eine Berufsausbildung? Welchen Standpunkt vertritt der Verfasser des Artikels? Mit welchen Argumenten versucht er die Leser zu überzeugen?

Markieren Sie die Stellen im Text, die der Autor zur Untermauerung seiner Argumentation verwendet. Fassen Sie seine Meinung kurz in eigenen Worten zusammen.

B4 **Was müsste nach Ansicht des Verfassers am deutschen Bildungswesen geändert werden?**

B5 Der Verfasser des Artikels kritisiert u. a.
- dass deutsche Studenten im Vergleich zu den Studenten anderer Länder zu alt sind, wenn sie ins Berufsleben eintreten,
- dass die lange Ausbildungszeit die Eltern und/oder den Staat zuviel Geld kostet.
Diese Kritik ist allerdings nur zum Teil berechtigt.

Überlegen Sie, mit welchen Argumenten sich ein deutscher Student gegen diese Kritik zur Wehr setzen könnte. Schreiben Sie die Argumente stichwortartig auf.

B6 **Lesen Sie die folgenden Überschriften, sie liefern weitere Argumente.**

- Später Studienabschluss durch vorherige Berufsausbildung bzw. Wehr-/Zivildienst
- Verlängerung der Studienzeiten durch schlechte Studienbedingungen
- Einschulungsalter und lange Schulzeit verantwortlich für späten Studienbeginn
- Längere Studienzeiten aus finanziellen Gründen.

Die Überschriften werden nachfolgend kurz erläutert. Schreiben Sie über jede Erläuterung die passende Überschrift.

1 _____

Die wachsende Zahl der Studenten hat in den letzten Jahren zu einer Überfüllung der Hochschulen geführt, da die Hochschulen nicht im gleichen Maße mitwuchsen. Statistisch gesehen müssen sich gegenwärtig zwei Studierende einen Studienplatz teilen. Die Studienbedingungen sind daher nicht immer ideal. Dies führt oft zu einer Verlängerung der Studienzeiten.

2 _____

Das Studium an den deutschen Hochschulen ist zwar gebührenfrei, aber trotzdem nicht billig. Steigende Lebenshaltungskosten (und hier vor allem hohe Mieten in Universitätsstädten) stellen viele Studenten vor erhebliche Probleme. Sie finanzieren ihren Lebensunterhalt entweder mit Hilfe der Eltern und/oder einer staatlichen Ausbildungsbeihilfe (BaFöG). Doch oft reicht dieses Geld nicht, so dass sie gezwungen sind, neben dem Studium selbst Geld zu verdienen. Auch dadurch verlängert sich die Studienzeit.

3 _____

Viele junge Leute machen vor ihrem Studium zunächst eine mehrjährige Berufsausbildung. Junge Männer müssen vor dem Studium außerdem einen Wehr- oder Zivildienst absolvieren.

4 _____

Deutsche Abiturienten sind im Durchschnitt bereits 20 Jahre alt, wenn sie die Schule verlassen. Dies hängt mit dem späten Einschulungsalter von sechs Jahren und der relativ langen Schulzeit von dreizehn Jahren zusammen.

Führen Sie ein Streitgespräch zwischen dem Verfasser des Artikels und einem Studenten. ◄ **B7**

Als **Verfasser des Artikels** kritisieren Sie, dass deutsche Studenten zu lange studieren und deshalb den Staat zu viel Geld kosten. **Lassen Sie sich nicht von dieser Meinung abbringen.**	Als Student finden Sie, dass die Kritik des Verfassers an den Studenten nicht berechtigt ist. **Überzeugen Sie den Verfasser von Ihrer Meinung.**

Schreiben Sie einen Leserbrief aus der Sicht eines Studenten, der zu dem Artikel Stellung nimmt. ◄ **B8**

Was könnte getan werden, damit deutsche Hochschulabsolventen früher in das Berufsleben eintreten? Hier finden Sie einige Vorschläge. Diskutieren Sie ihre Vor- und Nachteile:

- Abschaffung der Wehrpflicht
- Ausbau der Hochschulen
- Bestrafung von Studenten, die zu lange studieren
- Verbesserung der Studienbedingungen
- Verkürzung der Schulzeit auf 12 Jahre
- Einführung von Studiengebühren
- Erhöhung der Ausbildungsbeihilfe
- frühere Einschulung der Kinder

Vielleicht haben Sie noch bessere Vorschläge?

An den deutschen Hochschulen studieren gegenwärtig auch ca. 80.000 ausländische Studenten. Wenn Sie mehr über das Studium in Deutschland wissen wollen, schreiben Sie an den ***Deutschen Akademischen Austauschdienst, Kennedyallee 50, D-53175 Bonn***.

9 Frauen und Männer

Zur Geschichte der Gleichberechtigung

A1

1. Beschreiben Sie die die Zeichnung.
2. Sammeln Sie in der Gruppe Textvorschläge für die Sprechblasen und wählen Sie den besten Vorschlag aus.
3. Den Originaltext finden Sie am Ende dieses Kapitels. Worin liegt der Witz?

Rechte und Pflichten der Bürger sind in Deutschland im sogenannten Bürgerlichen Gesetzbuch (BGB) festgeschrieben. Obwohl dieses Buch aus dem Jahre 1896 stammt, sind viele der Gesetze auch heute noch gültig. Andere wurden allerdings im Zuge gesellschaftlicher Entwicklungen diesen angepasst. Hierzu gehört auch das Ehegesetz, welches das Zusammenleben von Mann und Frau regelt.

Welche Veränderungen hat es im Ehegesetz gegeben? Aus welchem Jahr stammen Ihrer Meinung nach die folgenden Regelungen?   ◄A2 ⁇

Regelung aus dem Gesetzbuch von	1896	1959	1977
Die Frau darf Ehe und Familie nicht vernachlässigen, falls sie berufstätig ist.			
Die Frau führt den Haushalt in eigener Verantwortung.			
Die Frau muss den Haushalt führen.			
Die Frau muss im Geschäft des Mannes arbeiten, wenn dies üblich ist.			
In der Ehe entscheidet der Mann.			
Mann oder Frau führen den Haushalt in eigener Verantwortung.			
Mann und Frau dürfen einen Beruf ausüben.			
Mann und Frau führen den Haushalt gemeinsam.			

Ta **A3** ▶ Vergleichen Sie Ihre Einschätzungen mit den folgenden Originalparagraphen. Markieren Sie im Originaltext die Stellen, die den Aussagen in der Tabelle von A 2 entsprechen.

BGB	1896	1959	1977
§ 1354	Dem Manne steht die Entscheidung in allen das gemeinschaftliche eheliche Leben betreffenden Angelegenheiten zu; er bestimmt insbesondere Wohnort und Wohnung. Die Frau ist nicht verpflichtet, der Entscheidung des Mannes Folge zu leisten, wenn sich die Entscheidung als Missbrauch seines Rechtes darstellt.	(aufgehoben)	
§ 1356	Die Frau ist, unbeschadet der Vorschriften des § 1354, berechtigt und verpflichtet, das gemeinschaftliche Hauswesen zu leiten. Zu Arbeiten im Hauswesen und im Geschäft des Mannes ist die Frau verpflichtet, soweit eine solche Tätigkeit nach den Verhältnissen, in denen die Ehegatten leben, üblich ist.	Die Frau führt den Haushalt in eigener Verantwortung. Sie ist berechtigt, erwerbstätig zu sein, soweit dies mit ihren Pflichten in Ehe und Familie vereinbar ist. Jeder Ehegatte ist verpflichtet, im Beruf oder Geschäft des anderen Ehegatten mitzuarbeiten, soweit dies nach den Verhältnissen, in denen die Ehegatten leben, üblich ist.	Die Ehegatten regeln die Haushaltsführung im gegenseitigen Einvernehmen. Ist die Haushaltsführung einem der Ehegatten überlassen, so leitet dieser den Haushalt in eigener Verantwortung. Beide Ehegatten sind berechtigt, erwerbstätig zu sein. Bei der Wahl und Ausübung einer Erwerbstätigkeit haben sie auf die Belange des anderen Ehegatten und der Familie die gebotene Rücksicht zu nehmen.

A4 ▶ Welche gesellschaftlichen Veränderungen spiegeln die Gesetzestexte wider? Diese und andere Fragen hat die Frauenzeitschrift „Sandra" der Professorin für Eherecht, Frau Prof. Schulte, gestellt. Bitte ergänzen Sie das Interview.

△ Frau Prof. Schulte, im Bürgerlichen Gesetzbuch von 1896 wurden ja erstmalig die Rechte und Pflichten von Mann und Frau in der Ehe gesetzlich geregelt. Welche Rechte und Pflichten hatten denn die beiden Ehepartner damals?

○ Nun, die meisten Rechte hatte der Mann. Nach § 1354 hatte er das Recht, _____ .

Und er durfte auch Wohnung und Wohnort bestimmen.

△ *Musste die Frau alle Entscheidungen des Mannes akzeptieren?*

○ Nein, wenn sich herausstellte, dass der Mann sein Entscheidungsrecht missbrauchte, war die Frau nicht verpflichtet, _____

_____ .

Aber die meisten Frauen taten es trotzdem, weil sie keine andere Wahl hatten. Sie waren finanziell vollkommen von ihren Männern abhängig. Und nicht nur finanziell. Sie durften z. B. auch nur mit Zustimmung des Mannes berufstätig sein.

△ *Als die Bundesrepublik 1949 gegründet wurde, behielt das Ehegesetz von 1896 ja seine Gültigkeit. Das Grundgesetz, d. h. die Verfassung der Bundesrepublik, besagt aber doch in Artikel 3, dass Mann und Frau gleichberechtigt sind. Wurde das Eherecht 1959 geändert, weil es gegen den Grundsatz der Gleichberechtigung von Mann und Frau verstieß?*

○ Ja, genau das war der Grund. Vor allem der Inhalt des § 1354 ließ sich nicht mit dem Grundsatz der Gleichberechtigung vereinbaren. Deshalb wurde er aufgehoben. Und auch der § 1356 wurde geändert.

△ *Welche Rechte und Pflichten hatten die Eheleute denn nach der Änderung dieses Paragraphen?*

○ Na ja, die Frau musste weiterhin _____ , allerdings jetzt in eigener Verantwortung. Das war schon ein Fortschritt. Und wenn sie berufstätig sein wollte, musste sie ihren Mann nicht mehr um Erlaubnis fragen, denn das neue Gesetz gab ihr das Recht dazu. Die Voraussetzung war allerdings, dass

_____ .

△ *Aha. Die Frau war also immer noch allein für den Haushalt und die Kindererziehung verantwortlich.*

○ Ja, das stimmt. Das Gesetz sagte nichts davon, dass Mann und Frau sich diese Aufgaben teilen sollten. Das kam erst 1977 mit der Reform des Ehe- und Familienrechts.

△ *Was genau wurde 1977 geändert?*

○ Mit der Reform wurde die Festlegung der Ehepartner auf eine bestimmte Rolle aufgehoben. In § 1356 heißt es jetzt, dass beide Ehegatten das Recht haben, _____

_____ .

Und wenn sie es sind, sind auch beide verantwortlich für _____

_____ .

△ *Und wie ist es in der Realität?*

○ Leider sieht die Realität anders aus. Die Hausarbeit wird zu 80 Prozent immer noch von den Frauen erledigt. Und wenn sie berufstätig sind, und das sind ja heute viele Frauen, dann ist das eine ziemliche Belastung.

△ *Und wie geht das bei Ihnen zu Hause?*

○ Mein Mann ist Gott sei Dank emanzipiert. Bei uns wird die Hausarbeit und alles andere gerecht zwischen uns beiden aufgeteilt.

9 Frauen und Männer

Ta A5

Neben der Ehe steht auch die Familie unter dem besonderen Schutz des Gesetzgebers. Hierzu gibt es z. B. folgende gesetzliche Regelungen:

- den Erziehungsurlaub
- den Mutterschutz
- das Erziehungsgeld
- das Kindergeld

Überlegen Sie, was sich hinter diesen Bezeichnungen verbirgt. Ordnen Sie den folgenden Erklärungen aus einem Lexikon die richtige Bezeichnung zu.

1.

_____:
Alle gesetzlichen Maßnahmen für den Schutz berufstätiger Frauen vor und nach der Geburt ihres Kindes. Während des Zeitraums von sechs Wochen vor sowie acht Wochen nach der Geburt dürfen Frauen nicht beschäftigt werden. Während der Schwangerschaft und bis zum Ablauf von sechs Monaten nach der Geburt darf einer Arbeitnehmerin nicht gekündigt werden.

2.

_____:
Freistellung vom Arbeitsplatz, die in Deutschland einem Elternteil nach der Geburt eines Kindes gesetzlich ermöglicht wird. Die Freistellung beträgt maximal drei Jahre. Danach kann das jeweilige Elternteil an seinen alten Arbeitsplatz zurückkehren. Dieses Konzept soll dazu beitragen, Kindererziehung und Berufstätigkeit zu verbinden.

3.

_____:
Staatliche Leistung in Deutschland, die nach der Geburt eines Kindes für zwei Jahre dem Elternteil gezahlt wird, der das Kind betreut und deshalb nicht berufstätig ist.

4.

_____:
Staatliche Leistung für Eltern zur Minderung der durch Kinder entstehenden finanziellen Belastungen. Pro Kind erhalten Eltern 200 DM.

Sp A6

Umwandlung von Nominalisierungen mit Hilfe des Passivs

Die folgende Übersicht zeigt einige der Schritte auf dem Weg zur Gleichberechtigung der Frauen in Deutschland.

1789	Bildung erster Frauenclubs in Frankreich im Zuge der Französischen Revolution, später auch in Deutschland	1952	Einführung des Mutterschutzgesetzes
1865	Gründung eines „Allgemeinen Deutschen Frauenvereins" in Deutschland	1957	Verabschiedung des Gleichberechtigungsgesetzes
1878	Erstmalig gesetzliche Regelung des Mutterschutzes	1977	Reform des Ehe- und Familienrechts
1891	Verabschiedung des ersten Arbeiterinnenschutzgesetzes im Reichstag	1979	Erweiterung des Mutterschutzgesetzes
1901	Zulassung von Mädchen zu höheren Jungenschulen in Baden	1980	Verabschiedung des Gesetzes über die Gleichbehandlung von Männern und Frauen am Arbeitsplatz
1908	Zulassung von Frauen zu politischen Vereinen	1986	Ausdehnung von Mutterschaftsurlaub auch auf Väter; Umbenennung in Erziehungsurlaub
1918	Einführung des Wahlrechts für Frauen	1993	Verlängerung des Erziehungsurlaubs von 18 Monaten auf drei Jahre
1949	Verabschiedung des Grundgesetzes		

1. Schreiben Sie die einzelnen Etappen auf dem Weg zur Gleichberechtigung der Frauen so auf, wie Sie sie z. B. in einem Geschichtsbuch finden würden.

1789   Im Zuge der französischen Revolution <u>werden</u> in Frankreich und später auch in Deutschland erste Frauenclubs <u>gebildet</u>.
Sie verlangen volle Bürgerrechte für die Frauen, die Gleichstellung von Mann und Frau und das Frauenwahlrecht.

1865   In Deutschland _____
Die Gründerinnen fordern u. a. den Zugang von Frauen zu allen Bildungseinrichtungen und Berufen.

1878   Der _____
Für die Dauer von drei Wochen nach der Geburt dürfen Frauen nicht beschäftigt werden.

1891   Im Reichstag _____
Frauenarbeit unter Tage wird verboten. Außerdem wird der 11-Stunden-Tag für Frauen eingeführt sowie eine vierwöchige bezahlte Ruhepause nach der Geburt eines Kindes.

1901   In Baden _____
Mädchen können nun die Voraussetzung zum Studium erwerben. 12 Jahre später sind 4,3 Prozent aller Studierenden Frauen.

1908   Frauen _____
Sie dürfen jetzt politisch aktiv sein.

1918   _____
Frauen dürfen wählen und gewählt werden.

1949   _____
Im Grundgesetz ist die Gleichberechtigung von Mann und Frau enthalten.

1952   _____
Das Gesetz regelt die Beschäftigung von Frauen während einer Schwangerschaft und nach der Geburt eines Kindes.

1957   _____
Auf dem Gebiet des bürgerlichen Rechts sind Mann und Frau gleichberechtigt.

1977   _____
Das Prinzip der Gleichberechtigung gilt nun auch in der Ehe.

1979   _____
Berufstätige Mütter erhalten das Recht auf einen viermonatigen Mutterschaftsurlaub. Ein Kündigungsverbot sichert den Arbeitsplatz.

1980   _____
1986   _____
1993   _____

2. Schreiben Sie mit Hilfe der Übersicht oben einen Bericht über die Entwicklung der Gleichberechtigung der Frauen in Deutschland. Beginnen Sie Ihren Bericht auf folgende Weise:

Die ersten Impulse zur Forderung nach der Gleichberechtigung von Frauen gingen von der Französischen Revolution 1789 aus. Damals entstanden in Frankreich, und später auch in Deutschland, erste Frauenclubs. Sie verlangten ... Doch erst 1865 kam es in Deutschland zur Gründung eines „Allgemeinen Deutschen Frauenvereins". Seine Gründerinnen forderten ... Bis zur Einführung des Wahlrechts für Frauen war es allerdings noch ein weiter Weg. 1878 wurde erstmalig ...

B

Männer an den Herd?

Nicht nur in Gesetzen, sondern z. B. auch in der Werbung für Haushaltsprodukte spiegelt sich wider, dass sich das Frauen- und Männerbild in den letzten Jahrzehnten verändert hat.

B1 ▶ **Vergleichen Sie die beiden Werbeanzeigen aus den 60er und den 90er Jahren.**

B2 ▶

1. **Wie hat Werbung für eine Waschmaschine/ein Waschpulver möglicherweise vor dreißig Jahren ausgesehen? Und wie sieht Werbung für Putzmittel heute aus?**

2. **Hat sich wirklich so viel geändert? Untersuchen Sie die Werbung für das Waschpulver noch einmal genauer. Was impliziert der Slogan „Andere verlosen Waschmaschinen, fewa verlost Männer"?**

1. Vergleichen Sie Ihr Ergebnis mit dem der folgenden Umfrage:

B3

„Wer ist in Ihrer Partnerschaft verantwortlich für ..."				
	Mann %	Frau %	beide gleich %	andere %
Wäsche	3	87	9	1
Putzen	3	67	6	4
Einkaufen	13	35	51	0
Kochen	6	68	25	1
Reparaturen in der Wohnung	82	4	9	4
Spielen mit den Kindern	4	19	72	1
Hausaufgaben nachsehen	7	37	34	1

2. Welche Ergebnisse hätte eine solche Umfrage in Ihrem Land?

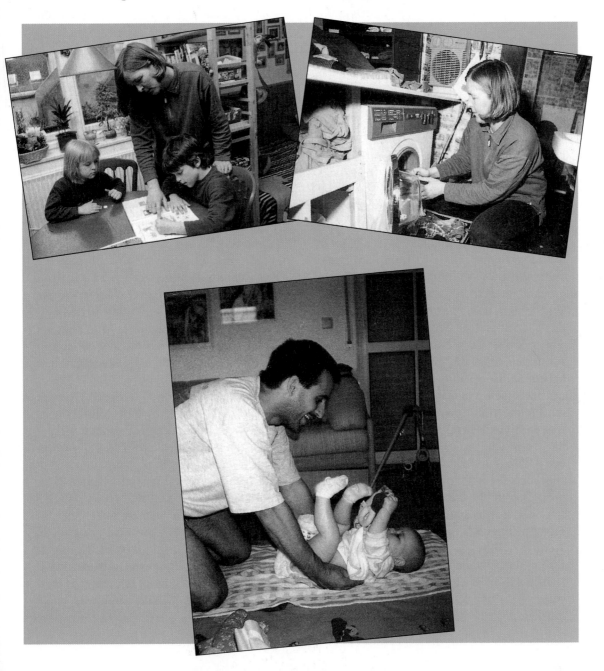

B4

Angesichts der Ergebnisse der Umfrage in B 3, die eine deutsche Wochenzeitschrift in Auftrag gegeben hatte, stellten Reporter auf der Straße Passanten die folgende Frage: *„Sollten Ihrer Meinung nach gesetzliche Schritte eingeleitet werden, welche Männer zur Hausarbeit verpflichten?"*

Diskutieren Sie diese Frage in der Gruppe und sammeln Sie Argumente für und gegen eine gesetzliche Verpflichtung von Männern zur Hausarbeit.

Ta B5

Vergleichen Sie Ihre Argumente mit denen von zwei befragten Passantinnen.

Streitfall der Woche

Die These: *Es müssen gesetzliche Schritte eingeleitet werden, welche Männer zur Hausabeit verpflichten.*

Die Positionen: Zustimmung   Ablehnung   unentschieden

Frauke Janus

Schülerin (20)

Gesetzliche Schritte, um Männer zur Gleichberechtigung zu zwingen, fände ich ziemlich hart.
Als allererstes brauchen wir bessere Voraussetzungen. Gleicher Lohn für Frauen zum Beispiel – damit können Anreize geschaffen werden. Sonst sagt der Mann: Willst du, dass wir Bankrott gehen – du verdienst doch viel weniger als ich.
Aber nötig ist das schon, den Männern klarzumachen, dass sie wirklich was zu tun haben. Selbst bei Jungs in meinem Alter ist das nicht selbstverständlich. Einem früheren Freund zum Beispiel, der seine Sachen immer seiner Mutter zum Waschen gegeben hat, habe ich gesagt: „Die ist doch nicht deine Putzfrau." Darauf er: „Ich kann das aber nicht." Und ich: „Ich kann's dir ja zeigen." Darauf er: „Nee, ich hab' keine Lust." Ich will Betriebswirtschaft studieren und später nicht aufhören, im Beruf zu arbeiten. Wenn ich mit jemandem zusammenleben würde, dann würde ich notfalls auch einen Haushaltsplan machen, wo alles genau festgelegt ist. Dann kann er sich nicht so gut drücken.

Kirstin West

Studentin (28)

Die Männer per Gesetz zur Hausarbeit zwingen? Ich finde das gut. Immer noch machen Frauen doch fast allein den Haushalt. Gerade mal eine Viertelstunde bringt der Durchschnitts-Familienvater mit Hausarbeit zu. Sogar in den Ehen, in den beide Partner ganztägig berufstätig sind, rührt jeder zweite Mann keinen Finger. Und Alte oder Kranke werden doch fast ausschließlich von Ehefrauen, Töchtern oder Schwiergertöchtern gepflegt.
Und dann die angeblich „neuen" Männer: die sind doch ganz die alten. Neulich hab' ich gelesen, dass der Durchschnitts-Vater ganze zwölf Minuten pro Tag mit seinem Kind kommuniziert. Und nur ein Prozent der Erziehungsurlauber sind Männer. Nee, mit derart ungleich verteilten Haushaltslasten ist die Gleichberechtigung auf das Jahr 2050 vertagt. Andere Länder sind viel weiter, Norwegen zum Beispiel. Dort verfällt ein Teil des Erziehungsurlaubs, wenn der Vater ihn nicht nimmt. Ich finde, es wird höchste Zeit, dass auch bei uns etwas unternommen wird.

1. Welche Position vertreten die beiden Frauen?

B6

	☺	☹	😐
Frauke Janus			
Kirstin West			

2. Wie begründen die beiden Frauen ihre Meinung? Sammeln Sie die Argumente in einer Tabelle.

3. Welche der beiden Meinungen kommt Ihrer Meinung am nächsten?

4. Schreiben Sie einen Leserbrief an die Wochenzeitschrift, in dem Sie Ihre Position darlegen.

B7 ⁇

Welche Ursachen hat Ihrer Meinung nach die ungleiche Aufgabenverteilung zwischen Männern und Frauen im Haushalt? Wie könnte man dieses Problem lösen?

Trotz aller Gleichberechtigungsbemühungen gibt es auch heute noch ungeschriebene „Gesetze" dafür, was „typisch männlich" oder „typisch weiblich" ist.

Finden Sie heraus, ob bzw. welche Rollenbilder in Ihrer Unterrichtsgruppe existieren. Ergänzen Sie die Tabelle mit weiteren Eigenschaften und ordnen Sie sie Frauen und/oder Männern zu. Diskutieren Sie die Ergebnisse.

Eigenschaft trifft zu für:	Frauen	Männer	beide
sorgfältig			
handwerklich begabt			
ordnungsliebend			

Ta B8

Der deutsche Rocksänger Herbert Grönemeyer schrieb vor einigen Jahren ein sehr erfolgreiches Lied über Männer.

Untersuchen Sie das Lied hinsichtlich der Eigenschaften, die Männern zugeschrieben werden. Was kritisiert Herbert Grönemeyer?

Männer

Männer nehmen in den Arm	Männer kaufen Frauen
Männer geben Geborgenheit	Männer steh'n ständig unter Strom
Männer weinen heimlich	Männer baggern wie blöde
Männer brauchen viel Zärtlichkeit	Männer lügen am Telefon
Männer sind so verletzlich	Männer sind allzeit bereit
Männer sind auf dieser Welt einfach unersetzlich	Männer bestechen durch ihr Geld und ihre Lässigkeit

Refrain:
Männer haben's schwer, nehmen's leicht
außen hart und innen ganz weich
werden als Kind schon auf Mann geeicht
wann ist ein Mann ein Mann?

Männer haben Muskeln
Männer sind furchtbar stark
Männer können alles
Männer kriegen 'nen Herzinfarkt
Männer sind einsame Streiter
müssen durch jede Wand, müssen immer weiter

Refrain:
Männer haben's schwer ...

Männer führen Kriege	Männer kriegen keine Kinder
Männer sind schon als Baby blau	Männer kriegen dünnes Haar
Männer rauchen Pfeife	Männer sind auch Menschen
Männer sind furchtbar schlau	Männer sind etwas sonderbar
Männer bauen Raketen	Männer sind so verletzlich
Männer machen alles ganz, ganz genau	Männer sind auf dieser Welt einfach unersetzlich

Refrain:
Männer haben's schwer ...

B9 **Wie könnte ein Liedtext mit dem Titel „Frauen" aussehen?**

Lösung zu A1
Mann: „Alles was du bist, bist du nur durch mich."
Frau: „Stimmt!"

10
Formen des Zusammen-lebens

Allein, zu zweit, zu dritt ...
Lebensformen im Wandel

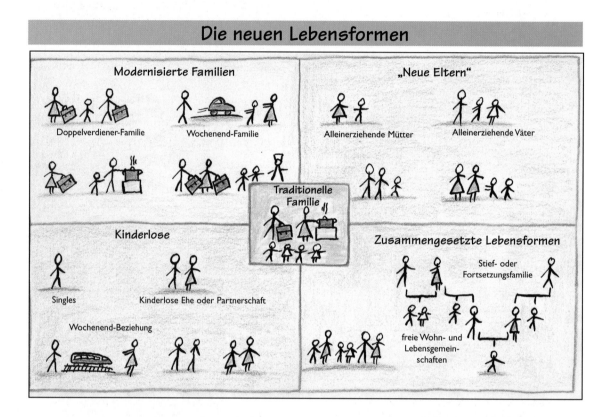

In den vergangenen Jahrzehnten haben sich die Lebensformen in der Bundesrepublik verändert. Obwohl die traditionelle Familie immer noch am häufigsten ist, sind daneben andere Lebensformen entstanden, die von immer mehr Menschen praktiziert werden.

A1 Beschreiben Sie die oben dargestellten Lebensformen anhand der Zeichnungen. Welche Unterschiede gibt es zwischen ihnen und der traditionellen Familie?

A2 Welche dieser Lebensformen existieren auch in Ihrem Land?
Welche wären in Ihrem Land/Ihrer Kultur nicht akzeptabel? Warum nicht?

A3 Warum wählen Ihrer Meinung nach viele Menschen in Deutschland eine der oben dargestellten Lebensformen als Alternative zur traditionellen Familie? Diskutieren Sie die Vor- und Nachteile der einzelnen Lebensformen.

Ta A4 1. Die folgenden Absätze eines Textes über verschiedene Lebensformen in Deutschland sind durcheinandergeraten. Lesen Sie die einzelnen Abschnitte schnell und achten Sie dabei auf verbindende Inhalte.
Unterstreichen Sie die Wörter, die eine Verbindung zwischen den Absätzen herstellen.
2. Notieren Sie die richtige Reihenfolge der Absätze.

Lebensformen im Wandel:

Verliebt, verlobt, verheiratet?

A

Bei älteren Paaren hingegen steht eine Ehe oft nicht mehr zur Diskussion. Ein möglicher Grund ist, dass die Partner bereits eine gescheiterte Ehe hinter sich haben (jede dritte Ehe wird derzeit geschieden) und kein neues Risiko eingehen wollen. Ein anderer Grund kann sein, dass sich die Partner eindeutig gegen Kinder entschieden haben und daher keinen Anlass mehr zu einer Heirat sehen.

B

Nach wie vor ist jedoch die Familie das Lebensideal der meisten Deutschen. Dies gilt auch für die meisten der sogenannten „Singles". Mit diesem in den 70er Jahren aus den USA importierten Begriff bezeichnete man zunächst nur allein stehende Personen, die eine bewusste Entscheidung für diese Lebensform getroffen hatten. Mittlerweile gilt er jedoch für alle allein stehenden Personen, egal ob ledig, getrennt lebend, geschieden oder verwitwet. Mehr als ein Drittel aller Haushalte in der Bundesrepublik bestehen gegenwärtig aus nur einer Person, und es wird damit gerechnet, dass die Zahl weiter steigt.

C

Entwickeln sich die Deutschen also zu einem Volk von Einzelgängern? Wenn man den zahlreichen Statistiken Glauben schenkt, scheint es so, aber der Schein trügt. Viele Singles sind über 60 Jahre alt und haben in diesem Alter bereits den Ehepartner verloren. Andere wohnen zwar allein, haben aber einen festen Lebenspartner. Vor allem jüngere Singles sind vielleicht noch auf der Suche nach der „großen Liebe" oder leben kurzfristig allein, weil eine Beziehung gerade zu Ende gegangen ist. Echte „Singles", d. h. überzeugte Anhänger des Alleinlebens ohne einen Partner, sind die wenigsten. Sie haben vielleicht eine gescheiterte Ehe hinter sich oder möchten völlig unabhängig sein. Die große Mehrheit der Singles möchte jedoch auch nicht ein Leben lang allein leben.

D

Im Gegensatz zu früher übt heute niemand mehr Kritik, wenn ein Mann und eine Frau unverheiratet zusammenleben. Nicht nur junge, sondern auch viele ältere Paare entscheiden sich mittlerweile für eine solche „Ehe ohne Trauschein". Die Entscheidung für diese Lebensform hat verschiedene Gründe. Junge Paare sehen in ihr meistens eine Art „Ehe auf Probe": Sie wollen herausfinden, ob sie zueinander passen, bevor sie eine Ehe und die damit verbundenen Verpflichtungen eingehen. Bei ihnen kann man davon ausgehen, dass sie zu 70 Prozent heiraten, allerdings nur und erst dann, wenn ein Kind gewünscht oder erwartet wird.

E

Im Zuge gesellschaftlicher Entwicklungen haben sich in Deutschland vor allem in den letzten zwanzig Jahren Lebensformen herausgebildet, die noch in den 50er und 60er Jahren in der Gesellschaft auf Ablehnung gestoßen wären. Damals galt es z. B. als unschicklich, wenn ein Mann und eine Frau zusammenlebten, ohne verheiratet zu sein. Diese Lebensform wurde mit dem Begriff der „wilden Ehe" umschrieben. Er existiert zwar heute noch, wird allerdings inzwischen nur noch scherzhaft verwendet.

F

Eine Möglichkeit, diesen Wunsch zu verwirklichen und dabei auch noch Geld zu sparen, ist die Wohngemeinschaft. Diese Lebensform wird vor allem von jungen Leuten bevorzugt, die sich noch in der Ausbildung befinden. Miete und Lebenshaltungskosten werden mit den Mitbewohnern geteilt, und wenn man einmal allein sein möchte, macht man einfach seine Zimmertür zu. Aber auch unter Senioren, die nach dem Tod des Partners nicht allein oder bei den Kindern leben wollen, gewinnt diese Lebensform zunehmend an Attraktivität.

Lösung: ☐ ☐ ☐ ☐ ☐ ☐

Sp **A5** ▶ Geben Sie den Inhalt der Textabschnitte in zusammengefasster Form wieder.
Verwenden Sie hierfür folgende Redemittel:

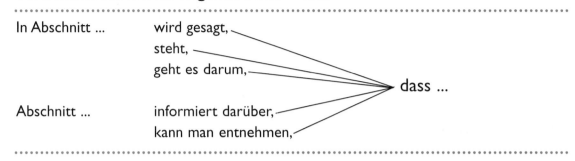

In Abschnitt ...   wird gesagt,
                    steht,
                    geht es darum,   dass ...

Abschnitt ...   informiert darüber,
                    kann man entnehmen,

A6 ▶ Schlagzeilen wie die folgenden findet man immer wieder in deutschen Tageszeitungen.

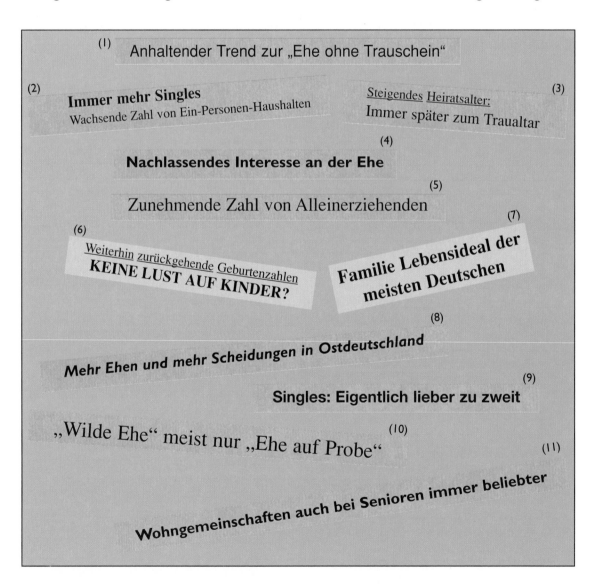

(1) Anhaltender Trend zur „Ehe ohne Trauschein"

(2) **Immer mehr Singles**
Wachsende Zahl von Ein-Personen-Haushalten

(3) Steigendes Heiratsalter:
Immer später zum Traualtar

(4) **Nachlassendes Interesse an der Ehe**

(5) Zunehmende Zahl von Alleinerziehenden

(6) Weiterhin zurückgehende Geburtenzahlen
KEINE LUST AUF KINDER?

(7) Familie Lebensideal der meisten Deutschen

(8) Mehr Ehen und mehr Scheidungen in Ostdeutschland

(9) Singles: Eigentlich lieber zu zweit

(10) „Wilde Ehe" meist nur „Ehe auf Probe"

(11) Wohngemeinschaften auch bei Senioren immer beliebter

Welche Schlagzeilen geben Inhalte der einzelnen Textabschnitte wieder?

Schlagzeile	1	2	3	4	5	6	7	8	9	10	11
Abschnitt											

Nominalisierungen

Schlagzeilen bestehen häufig aus Nominalisierungen, die man in ganze Sätze umwandeln kann.   ◀ A7 *Sp*

Schlagzeile: Anhaltender Trend zur „Ehe ohne Trauschein"

Umwandlung: Der Trend zur „Ehe ohne Trauschein" hält an.

Machen Sie aus den Schlagzeilen in A 6 ganze Sätze.

Den Inhalt von Schlagzeilen kann man auch paraphrasieren, d. h. in anderen Worten wiedergeben.   ◀ A8

Schlagzeile: Anhaltender Trend zur „Ehe ohne Trauschein"

Paraphrasierung: Immer mehr Männer und Frauen leben zusammen, ohne verheiratet zu sein.

Paraphrasieren Sie die Schlagzeilen in A 6.

Um sich den Inhalt eines Textes zu merken, ist es hilfreich, Stichworte aufzuschreiben.   ◀ A9
Auch Stichworte bestehen meist aus verkürzten Sätzen oder Nominalisierungen.

Lesen Sie den Text in A 4 noch einmal und ergänzen Sie die nachfolgende Tabelle in Stichworten.

Lebensform	mögliche Gründe für Wahl dieser Lebensform
Ehe ohne Trauschein	● jüngere Paare: Ausprobieren des Zusammenlebens vor dem Eingehen einer Ehe ● ältere Paare: _____ _____ _____
Single	● _____ ● _____ ● _____ ● _____
Wohngemeinschaft	● _____ ● _____

Sp A10▶ **Nomen-Verb-Verbindungen (Funktionsverbgefüge)**

Der Text in A 4 enthält eine Reihe von Nomen-Verb-Verbindungen (auch Funktionsverbgefüge genannt). Sie bestehen aus einem Nomen und einem Verb; ein Artikel und/oder eine Präposition kann hinzukommen. Das Nomen ist meistens von dem Verb abgeleitet, das der Bedeutung der gesamten Nomen-Verb-Verbindung entspricht.

jemandem eine *Frage* stellen = jemanden etwas *fragen*

Manchmal ist es auch von einem Adjektiv abgeleitet.

die *Fähigkeit* zu etwas besitzen/haben = zu etwas *fähig* sein

Nomen-Verb-Verbindungen kommen vor allem in der Schriftsprache vor. Sie können meistens durch eine synonyme Verbform ersetzt werden.

1. **Suchen Sie in den einzelnen Textabschnitten nach den Nomen-Verb-Verbindungen, die den angegebenen Synonymen entsprechen. Ergänzen Sie die nachstehende Tabelle.**

	Bildung von Funktionsverbgefügen				
Abschnitt	**Präposition**	**Artikel**	**Nomen**	**Funktionsverb**	**Synonym**
A	zur	–	Diskussion	stehen	diskutiert werden
A					riskieren
B					entscheiden
C					glauben
C					suchen
C					enden
C					vorziehen
D					kritisieren
D					heiraten
D					sich verpflichten
E					abgelehnt werden
F					attraktiv werden

2. **Ersetzen Sie die im Text enthaltenen Nomen-Verb-Verbindungen durch die entsprechenden Synonyme. Welche Variante gefällt Ihnen besser?**

Stirbt die Familie?

Die Fotos oben stammen aus verschiedenen Werbeanzeigen in deutschen Tageszeitungen. Sie zeigen jeweils eine (in den Augen von Werbefachleuten) „typische" Familie.

1. **Was haben diese Werbefotos gemeinsam?**
2. **Wofür könnte mit diesen Fotos geworben werden?**
3. **Könnte man diese Fotos auch für Werbeanzeigen in Ihrem Land verwenden?**
4. **Wenn nicht: Wie sehen „Werbefamilien" in Ihrem Land aus?**

B2 ▶ Woran denken Sie bei dem Wort „Familie"?

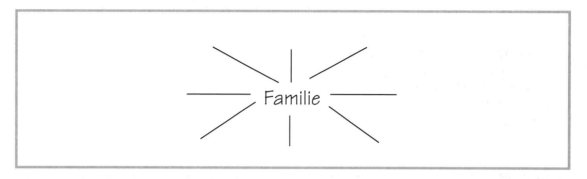

B3 ▶ Sehr oft wird behauptet, Werbung trage dazu bei, dass in den Köpfen vieler Menschen ein Idealbild der Familie existiert, welches der Realität nicht entspricht.

Stimmen Sie dieser Auffassung zu? Begründen Sie Ihre Meinung.

B4 ▶ Diese Briefmarke wurde 1992 als Sondermarke der Deutschen Bundespost veröffentlicht.

1. Was zeigt diese Briefmarke Ihrer Meinung nach?

❏ Vater, Mutter und Tochter

❏ eine Mutter mit zwei Töchtern

❏ einen Vater mit zwei Töchtern

❏ drei Kinder

2. Vergleichen Sie Ihre Ergebnisse.

Der Zeichner der Briefmarke wollte mit seiner Zeichnung eine Familie darstellen,und zwar so, wie Kinder sie zeichnen. Doch seine Zeichnung wurde von verschiedenen Personen und Organisationen missverstanden und zum Teil heftig kritisiert.

3. Wie haben Ihrer Meinung nach
- die Familienministerin
- der Verband „Eltern für aktive Vaterschaft"
- emanzipierte Mütter

die Zeichnung interpretiert?

4. Ordnen Sie die nachstehenden Reaktionen auf die Zeichnung der jeweiligen Person bzw. Personengruppe zu. Überlegen Sie, warum jeweils auf diese Art reagiert wurde.

> _____ sahen sich „als kindliche Randfigur mit Schleifchen im Haar" verunglimpft, während der Vater die „leitende Position einnehme."

> _____ chen pikiert, weil sie glaubte, der Zeichner habe einen Vater mit zwei Kindern gezeichnet – ohne Mutter.

> _____ war ein bisschen pikiert, weil sie glaubte, der Zeichner habe einen Vater mit zwei Kindern gezeichnet – ohne Mutter.

> _____ protestierte dagegen, dass eine allein stehende Mutter mit Töchtern die Familie der Zukunft symbolisiere.

5. Auftraggeber der Briefmarke war das Familienministerium. Welche Personen sollen mit der Marke angesprochen werden? Was möchte man erreichen?

Seit mehreren Jahren sinkt in Deutschland die Zahl der Eheschließungen. Auch die Zahl der neugeborenen Kinder nimmt ab. Die Zahl der Scheidungen aber nimmt zu.

◀ B5

I. Diskutieren Sie, warum möglicherweise in Deutschland im Vergleich zu früher ...
- **weniger Ehen geschlossen werden.**
- **weniger Kinder geboren werden.**
- **mehr Ehen geschieden werden.**

2. Sind in Ihrem Land ähnliche Entwicklungen zu beobachten? Wie könnten sich diese Entwicklungen möglicherweise auf die Zukunft der Lebensform Familie auswirken?

Vergleichen Sie Ihre Einschätzung mit dem Inhalt des folgenden Interviews (Seite 142), das die Journalistin einer Wochenzeitung mit dem Familienforscher Bernd Ziethe führte.

◀ B6

Die Familie geht nicht unter

Doch wir brauchen eine neue Definition der Familie, meint der Familienforscher BERND ZIETHE

△ *Braucht der Mensch Familie?*

◇ Das kommt auf den Menschen an. Manche sind ohne Familie glücklicher.

△ *... und brauchen keine emotionale Unterstützung?*

◇ Die kann man sich auch von Freunden und Bekannten holen. Die Vorstellung, dass „Blutsverwandtschaft" die Voraussetzung für emotionale Unterstützung ist, ist ein Mythos. Man muss nicht mit anderen Menschen verwandt sein, um sie als „Familie" wahrzunehmen.

△ *Bei dem Wort Familie denken aber doch die meisten sofort an Vater, Mutter und Kinder.*

◇ Weil das in unserer Gesellschaft die traditionelle, die „Normalfamilie" darstellt. Die meisten Menschen leben in einer solchen Familie.

△ *Warum wird dann immer wieder von einem „Untergang der Familie" geredet?*

◇ Weil viele Leute immer noch glauben, dass nur die traditionelle Familie eine richtige, glückliche Familie sein kann. Dieses Bild wird uns ja auch täglich in der Werbung oder in Schulbüchern vermittelt. Die Realität ist aber anders. Unsere Gesellschaft befindet sich in einem Wandel. Die traditionelle Familie wird durch andere Lebensformen ergänzt, die Familienformen werden vielfältiger. Angesichts dieser Entwicklungen von einem Untergang der Familie zu reden, ist Unsinn. Es wird Zeit, dass wir uns von der engen Definition der Familie lösen.

△ *Beunruhigend sind aber doch die hohen Scheidungszahlen. Jede dritte Ehe wird derzeit geschieden.*

◇ ... sagen die Statistiker. Statistiken geben meist ein schiefes Bild, weil die Statistiker nur zählen, aber nicht nach Beziehungen fragen. Das ist dann Sache der Familienforscher, die müssen das Bild wieder gerade rücken.

△ *Inwiefern?*

◇ Na, nehmen wir doch die Scheidungsstatistiken als Beispiel. Die Zahl der Eheschließungen eines Jahres wird durch die Zahl der Scheidungen im gleichen Jahr dividiert, und das Ergebnis ist, dass jede dritte Ehe wieder geschieden wird. So einfach ist das. Eheähnliche Beziehungen, von denen es ja auch sehr viele gibt, werden aber überhaupt nicht mitgerechnet. Die Statistiken sagen auch nichts über die durchschnittliche Dauer einer Ehe aus. Dabei dauern die meisten Ehen heute viel länger als früher.

△ *Wie ist das zu erklären?*

◇ Gegen Ende des 19. Jahrhunderts wurde ein Drittel der Ehen spätestens nach 20 Jahren durch den Tod eines der Ehepartner getrennt. Heute dauern viele Ehen 40 Jahre und mehr, weil die Lebenserwartung gestiegen ist. Das ist eine sehr lange Zeit, in der sich die Ehepartner unterschiedlich entwickeln und auseinander leben können. Gerade Ehen mit Kindern sind aber viel stabiler, als man das heute gern darstellt. 86 Prozent der Kinder und Jugendlichen unter 18 Jahren wachsen bei ihren leiblichen und in erster Ehe verheirateten Eltern auf.

△ *Stichwort Kinder. Noch nie war die Geburtenrate so niedrig. Woran liegt das?*

◇ Die familiären Lebensformen sind immer schwerer mit den beruflichen zu vereinbaren. Von Arbeitnehmern wird zunehmend Flexibilität und Mobilität verlangt. Viele haben Schichtdienst zu unterschiedlichsten Zeiten, keine gemeinsame Freizeit mehr. Von den meisten Arbeitgebern wird wenig Rücksicht darauf genommen, ob jemand Kinder hat.

△ *Und trotzdem nimmt die Zahl berufstätiger Frauen zu?*

◇ Natürlich. Warum auch nicht? Immer mehr Frauen sind hochqualifiziert ausgebildet und setzen das auch beruflich ein. Die Zeiten, in denen die Frau die Kinder versorgte und der Mann verdiente, sind vorbei. Heute wird von beiden beides erwartet. Angesichts der Schwierigkeiten, Familie und Beruf miteinander zu vereinbaren, wird die Entscheidung für ein Kind allerdings von vielen Paaren aufgeschoben. Die Frauen sind heute im Durchschnitt älter als früher, wenn sie ihr erstes Kind bekommen, die Familien sind kleiner. Drei und mehr Kinder haben nur noch die wenigsten.

△ *Die Familie geht nicht unter, aber die Zahl der Kinder könnte weiter zurückgehen. Ist das Ihr Fazit?*

◇ Ja. Wenn Politiker die sinkenden Geburtenzahlen beklagen und sich um die Zukunft der Familie Sorgen machen, müssen sie dafür sorgen, dass sich Berufstätigkeit und Familienleben besser miteinander vereinbaren lassen.

(Quelle: Die Woche)

Im Gegensatz zu vielen Menschen in Deutschland sieht der Familienforscher Bernd Ziethe die Zukunft der Lebensform Familie nicht in Gefahr. ◀ **B7**

Untersuchen Sie, mit welchen Argumenten er seine Meinung vertritt. Widerlegen Sie folgende Aussagen:
- Jeder Mensch braucht eine Familie.
- Eine richtige Familie kann nur die traditionelle Familie sein.
- Die hohen Scheidungszahlen sind ein Zeichen dafür, dass die Institutionen Ehe und Familie in Gefahr sind.

Welche Ursachen sieht Bernd Ziethe für die gegenwärtig niedrige Geburtenrate in Deutschland? ◀ **B8**

Wie könnten Ihrer Meinung nach Arbeitgeber und der Staat dazu beitragen, dass sich Berufstätigkeit und Familienleben besser miteinander vereinbaren lassen? Sammeln Sie Vorschläge in der Gruppe. ◀ **B9**

Diskutieren Sie die zu Anfang des Interviews gestellte Frage „Braucht der Mensch Familie?" ◀ **B10**

Viele Paare in Deutschland leben oft lange Jahre unverheiratet zusammen und heiraten erst, wenn ein Kind gewünscht oder erwartet wird. Andere bleiben auch nach der Geburt eines gemeinsamen Kindes unverheiratet. ◀ **B11**

Was meinen Sie: Sollte man heiraten, wenn ein Kind kommt? Sammeln Sie in Gruppen Pro- und Kontra-Argumente und tragen Sie sie in die nachstehende Übersicht ein. Führen Sie dann eine Pro- und Kontra-Diskussion im Plenum durch. Fassen Sie die Ergebnisse der Diskussion schriftlich zusammen.

Streitfrage: Heiraten, wenn ein Kind kommt?	
Pro	Kontra

Angesichts des Wandels, in dem sich Ehe und Familie befinden, befürchten manche Menschen in Deutschland einen Verfall traditioneller Werte. ◀ **B12**

Wie beurteilen Sie die gesellschaftlichen Veränderungen in Deutschland?

Hinweise für Lehrende zu *Blick auf Deutschland* und Anregungen zur Arbeit mit Texten

Allgemeines

Viele Deutschlernende im In- und Ausland haben seit 1974 mit *Blick auf Deutschland* auf die Bundesrepublik geschaut. Seitdem ist das Buch mehrfach auf einen neuen Stand gebracht worden. Nach den Ereignissen von 1989 und deren Folgen wurde jedoch eine grundsätzliche Neubearbeitung notwendig.

Zahlreiche neue Themen sind an die Stelle nicht mehr aktueller Inhalte getreten. Aber auch Fortschritte im Bereich der Leseverstehensforschung sowie der methodisch-didaktischen Konzeption und Gestaltung von Lehrwerken haben im neuen *Blick auf Deutschland* ihre Spuren hinterlassen.

Zielgruppe und Einsatzmöglichkeiten

Blick auf Deutschland wendet sich an fortgeschrittene jugendliche und erwachsene Deutschlerner im In- und Ausland. Vorausgesetzt werden Deutschkenntnisse auf Mittelstufenniveau.

Das Buch kann als eigenständiges Lese- und Arbeitsbuch in einem landeskundlich ausgerichteten Kurs verwendet werden, eignet sich aber auch als Begleitmaterial in Verbindung mit einem Lehrwerk.

Übergeordnetes Lernziel
Im neuen *Blick auf Deutschland* fällt der Blick jetzt auf ein erweitertes Deutschland mit seinen neuen Möglichkeiten und Problemen. Ziel ist es, einen Einblick in verschiedene gesellschaftliche, kulturelle, wirtschaftliche und politische Aspekte zu vermitteln und zu einer Auseinandersetzung mit diesen Aspekten anzuregen. Die Fertigkeit, die primär ausgebildet und ausgebaut wird, ist das Leseverstehen.

Textsorten
In Blick auf Deutschland ist eine große Zahl von Textsorten versammelt: Zeitungs- und Zeitschriftenartikel, Reiseführer, Werbetext, Brief, Statistik, Diagramm, Schaubild, Grafik, Fragebogen, Quiz, Gedicht, Gesetzestext und Interview, wobei Zeitungs- und Zeitschriftentexte deutlich überwiegen. Ein großer Teil der Texte ist authentisch oder semiauthentisch, also gekürzt oder leicht bearbeitet.

Fotos, Grafiken, Schaubilder und Karikaturen werden zahlreich angeboten und dienen im neuen *Blick auf Deutschland* dem fremdsprachlichen Leser als Informationsquellen.

Inhaltliche Konzeption
Diese vielgestaltigen Informationsquellen sind Anlass für Schreib- und Sprechaktivitäten, für weitergehende Überlegungen, Vergleiche mit dem Heimatland oder Diskussionen als Grundlage für ein besseres Verstehen von Deutschen und deutschen Dingen. Außerdem bieten sie die Möglichkeit zur Wiederholung sprachlicher Strukturen und zum produktiven Umgang mit der deutschen Sprache.

Die aufgezeigten Sachverhalte, Institutionen und Probleme dieses Landes sind letztlich auch Ausdruck von Wertvorstellungen, die sich über viele Jahrzehnte und Jahrhunderte ausgeprägt haben, und zwar im ständigen Kontakt und Austausch mit unseren Nachbarn. Damit wird auch deutlich, dass Deutschland – heute stärker als je zuvor – nur als Teil des zusammenwachsenden Europas verstanden werden kann. Diese Wertvorstellungen freizulegen, ist auch immer ein Teil der weiterführenden Textarbeit.

Natürlich kann dieses Buch nur einen kleinen Einblick in verschiedene Aspekte deutscher Wirklichkeit geben. Vielleicht aber macht es neugierig und weckt den Wunsch nach mehr und detaillierten Informationen. Für diesen Fall haben wir zu den einzelnen Themen jeweils am Ende eines Kapitels oder Kapitelteils Anschriften von Organisationen und Institutionen (z.T. auch für das Internet) aufgelistet, die auf Anfrage (meistens) kostenlos aktuelles Material zum jeweiligen Thema zur Verfügung stellen. Dies kann z. B. bei der Projektarbeit hilfreich sein.

Methodisch-didaktische Hinweise

Das Buch umfasst insgesamt zehn Kapitel. Die einzelnen Kapitel sind in sich abgeschlossen und bauen nicht aufeinander auf, so dass die Abfolge der Themen den jeweiligen Kursinhalten und -zielen entsprechend gestaltet werden kann. Jedes Kapitel besteht aus den beiden Teilen A und B, die thematisch eng miteinander verbunden sind. Kern jedes Teils sind ein bis drei Texte zum Thema des jeweiligen Kapitels sowie ergänzende Grafiken, Diagramme, Bilder, Karikaturen o. ä. Hinzu kommen verschiedene Übungen und Arbeitsaufgaben.

Die Kapitel umfassen im Wesentlichen folgende Aufgaben-, Übungs- und Informationsblöcke:

 kennzeichnet Aufgaben und Fragestellungen zur *Vor- und Nachbereitung von Texten*. Zu Beginn eines Kapitels oder Kapitelteils führen diese Aufgaben in die jeweilige Thematik ein und bereiten auf den Inhalt des anschließenden Textes vor. Da Zahl und Art unbekannter Wörter oder Strukturen der Texte vom Kenntnisstand der jeweiligen Lerner abhängig sind, wurde generell auf Worterklärungen verzichtet. Damit kommt diesen Aufgaben auch die Funktion einer lexikalischen Vorentlastung zu.

 steht für *Textarbeit* und kennzeichnet Übungen, Aufgaben und Fragestellungen, die sich auf einen Text beziehen. Konkret handelt es sich hierbei um Aufgaben zur Kontrolle des Leseverstehens sowie weiterführende Übungen, die sich aus der Textarbeit ergeben.

 steht für sprachliche Strukturen und kennzeichnet Übungen und Aufgaben zu Lexik und grammatischen Strukturen. Diese Übungen finden sich nur im A-Teil eines Kapitels.

 kennzeichnet zum einen kurze *Informationstexte*, die Überleitungen zwischen Aufgaben schaffen und zum Verständnis der sich anschließenden Aufgaben beitragen sollen. Zum anderen finden sich unter diesem Symbol jeweils am Ende eines Kapitels oder Kapitelteils die bereits erwähnten Anschriften von

Die Übungsformen in *Blick auf Deutschland* sind kommunikativ und weitgehend interaktiv angelegt. Dementsprechend können die meisten Übungen in Gruppen- oder Partnerarbeit durchgeführt werden. Die Kleingruppenarbeit trägt dazu bei, das Vorwissen der Gruppe für das Textverstehen fruchtbar zu machen. Dies wiederum fördert das Erkennen möglichst vieler Aspekte des Themas und die Fähigkeit, die neuen Informationen in bereits vorhandene einzuordnen bzw. das vorhandene Wissen umzuorganisieren zu einem sich ständig differenzierenden Bild von Deutschland und den Menschen, die in diesem Land leben.

Ebenso wie bei der Zusammenstellung der Textsorten haben wir uns auch bei den Arbeitsformen um eine möglichst große Vielfalt bemüht. So sind in den einzelnen Kapiteln verschiedene Aufgabentypen zu finden, die sich leicht auch auf andere Kapitel und Texte übertragen lassen.

Die Möglichkeiten zur Textarbeit sind bei weitem nicht ausgeschöpft. Demzufolge haben die Aufgaben in den einzelnen Kapitel auch Beispielcharakter. Je nachdem, wie viel Zeit zur Verfügung steht, können die einzelnen Kapitel mit zusätzlichen Aufgaben oder mit Hilfe zusätzlicher Materialien (z. B. aus aktuellen Zeitungen oder bei Bestellung von Materialien unter den oben erwähnten Anschriften) den jeweiligen Bedürfnissen und Notwendigkeiten angepasst werden.

Die folgende Übersicht soll einige Anregungen für die Arbeit mit dem vorliegenden Material und für die Erstellung zusätzlicher Aufgaben geben.

1. Übungen zur Vorbereitung von Wortschatz und Inhalt eines Textes

Assoziogramm zu einem vorgegebenen Wort oder Wortteil
- Wörter oder Wortergänzungen assoziieren
- assoziierte Begriffe gemeinsam erklären/definieren
- Auswahl begründen
- Begriffe nach Oberbegriffen sortieren, z. B.:
  - a) *Woran denken Sie bei dem Wort „Arbeit"?*
    Mögliche Assoziationen: der Urlaub, der Feierabend, die Kollegen, die Anstrengung, die Müdigkeit, das Gehalt, der Lohn, die Rente usw.
  - b) *Sammeln Sie Wörter, in denen das Wort „Arbeit" enthalten ist.*
    Mögliche Lösungen: das Arbeitsamt, die Arbeitslosigkeit, die Arbeitslosenhilfe, die Schwarzarbeit, die Leiharbeit usw.

Grafik/Diagramm/Tabelle
- Grafik/Diagramm/Tabelle erläutern
- eventuell getilgte Zahlenangaben oder Bezeichnungen ergänzen

Foto, Bild, Bildgeschichte, Karikatur, Zeichnung
- Material beschreiben/erklären
- zum Material einen Text zuordnen oder erfinden
- fehlenden Sprechblasentext ergänzen
- aus verschiedenen Materialien eine Collage zu einem bestimmten Thema zusammenstellen

Zuordnungsaufgaben
- Dem Text unbekannte Wörter und Wendungen oder Schlüsselwörter entnehmen und damit verschiedene Zuordnungsaufgaben entwerfen, z. B.:
  - Silben- oder Kreuzworträtsel zu den ausgewählten Begriffen
  - ausgewählte Begriffe den entsprechenden Synonymen, Antonymen, Paraphrasierungen, Erklärungen, Definitionen usw. zuordnen

2. Aufgaben zur Übung und Überprüfung des Leseverstehens

- ungeordnete Textteile in die richtige Reihenfolge bringen
- einen ungegliederten Text mit Hilfe von vorgegebenen Überschriften gliedern
- einen ungegliederten Text gliedern und Überschriften finden
- in fließenden Text Satzzeichen und Großbuchstaben einfügen
- Aussagen zum Text als richtig/falsch/nicht vorhanden identifizieren
- Aussagen in die dem Text entsprechende Reihenfolge bringen
- Aussagen den entsprechenden Textstellen zuordnen
- Abschnitten eine inhaltlich entsprechende Überschrift oder Zusammenfassung zuordnen
- vorgegebene Zusammenfassung eines Textes auf Richtigkeit untersuchen
- Textstellen, die auf vorgegebene Fragen antworten, suchen und markieren
- vorgegebene Antworten auf Fragen als zutreffend oder unzutreffend beurteilen
- Fragen zum Text beantworten
- Zeichnungen/Fotos usw. den jeweils dazu passenden Abschnitten zuordnen
- Text und Schaubild vergleichen und identische/unterschiedliche Informationen feststellen
- Textaussagen in Schaubild eintragen
- Tabelle mit Textaussagen ergänzen

3. Aufgaben für die Textarbeit

- Haupt- und Nebeninformationen finden und begründen
- Beziehungen zwischen Einzelinformationen angeben und begründen
- Schlüsselwörter als Träger von Hauptinformationen auffinden
- Verfasserintentionen auffinden und begründen
- textkonstituierende Merkmale auffinden
- Wortschatzarbeit auf der Basis des Textes (Wortfelder, Komposita, Nominalisierungen, Ableitungen, Paraphrasierungen, Synonyme, Antonyme usw. mit wortschatzerweiternden und -festigenden Übungen)

4. Weiterführende Übungen

- mit Hilfe von vorgegebenen Redemitteln den Textinhalt kommentieren/diskutieren
- aus Stichwörtern und/oder Schlüsselwörtern zusammenhängende Texte machen
- zu Themen und Fragestellungen, die sich aus dem Text ergeben, schriftlich und/oder mündlich Stellung beziehen
- Textinhalte, neu gewonnene Erkenntnisse und Informationen verarbeiten und umsetzen, z. B. durch Textsortenwechsel:
  - Textverkürzung
  - Bericht
  - Leserbrief
  - Zeitungsartikel
  - Brief an Familie/Freunde
  - Geschichte, Gedicht
  - Vortrag, Referat
  - Interview
  - Sketch u. ä.

- neu gewonnene Erkenntnisse und Informationen mit eigenen Erfahrungen/Gegebenheiten im Heimatland vergleichen und darstellen
- Erkenntnisse/Informationen in Rollenspielen/Simulationen darstellen, diese evtl. auf Video aufzeichnen und gemeinsam auswerten
- Informationen ergänzen, z. B. durch Sammeln, Mitbringen und Erläutern von Materialien; bei Institutionen Informationsmaterial einholen

Im Inland außerdem:
- Fragebögen ausarbeiten und Personen befragen
- mit Kassettenrekordern Interviews machen

Wir hoffen, dass mit dieser Neubearbeitung die Beschäftigung mit Deutschland attraktiver und gewinnbringender für Sie wird. Über Anregungen und Kritik unter unserer Email-Anschrift: w5kisu@axon.wiwi.uni-jena.de würden wir uns sehr freuen, über Zustimmung natürlich auch.

Viel Spaß wünschen Ihnen

Susanne Kirchmeyer und Klaus Vorderwülbecke

Quellenangaben

Textrechte:

S. 17 Frankfurter Rundschau 26.3.94 dpa/Klaus Tscharnke

S. 29 „Es ist schön in der Welt" aus: Hans Endlich „Deutschland einig Vaterland"

S. 30 Thüringer Landeszeitung vom 1.10.94

S. 33 nach: Christof Ehrler „Über die innere Fremdheit der Deutschen", FAZ 2.10.92

S. 34 aus: Peter Schneider „Zukunft ohne Gegenwart", Stern" 8/1993

S. 45 „Europa-Test": Journal für die Frau 93/02, S. 84

S. 48 „Europa" aus: Herbert Gruhl „Die Menschheit ist am Ende", Spiegel 13/92

S. 48 aus: Theo Sommer „Europa – Schreckensbild oder Horizont der Hoffnung?", DIE ZEIT 25|92

S. 50 aus: Hubert Markl „Europa will gelernt sein", DIE ZEIT 35/1993

S. 55 aus: Jochen Klein und Ludwig Greven „Ein Jahrhundert ist nur ein Wimpernschlag", Die Woche Extra 1/95

S. 60 „Gedanken einer betroffenen Frau" leicht verändert, nach: Beate Mitscherlich, Leipziger Volkszeitung 2/91

S. 65 „Weniger Arbeit - mehr Freizeit" nach: Jobst Parusel: Weniger Arbeit – mehr Freizeit, in: Commerzbank-Journal 2/94

S. 69 Statistik: British-American Tobacco GmbH Freizeit-Forschungsinstitut

S. 70 British-American Tobacco GmbH Freizeit-Forschungsinstitut/Commerzbank Journal 2/94

S. 72/73 gekürzt und geringfügig verändert aus: Augsburger Allgemeine vom 14.1.92/Thomas Vinsor

S. 75 WirtschaftsSpiegel 33/93, S/Deutscher Sparkassenverlag GmbH

S. 76 Gedicht „Ferienstenogramm"/Fridolin Tschudi aus: Egon Jameson u.a. „Wer gerne lacht, lebt länger", Consens-Verlag, Stuttgart

S. 77 Thüringer Landeszeitung vom 8.2.1996

S. 89 © STERN TV-Magazin

S. 91 iwd 28/95/Deutscher Instituts-Verlag

S. 92/93 iwd 25/94/Deutscher Instituts-Verlag

S. 105 leicht gekürzt nach: Hessische/Niedersächsische Allgemeine vom 3.2.93

S. 107 leicht gekürzt nach: Süddeutsche Zeitung vom 31.5.91/Eckhard Stengel

S. 114 leicht gekürzt nach: Frankfurter Rundschau vom 24.3.92

S. 116 Aktiv Wirtschaftszeitung, 22/93

S. 124 © Beck Verlag München

S. 129/130 Forsa-Umfrage/Die Woche vom 3.3.1994

S. 132 © Herbert Grönemeyer/Grönland Musikverlag

S. 142 Interview mit Bernd Ziethe nach einem Interview mit Familienforscher Hans Bertram in: Die Woche vom 3.2.1994

Bildrechte:

S. 5 Altstadt Rothenburg: Bildagentur Huber/Radelt

S. 6 Deutschlandkarte: Klett Perthes

S. 10 Wismar: Bildagentur Huber/R. Schmid; Rostock: Fremdenverkehrsamt Rostock; Bürgerhäuser: Stralsund Information; Kreidefelsen: Fremdenverkehrsverband Rügen e.V.

S. 11 Blick über die Gedächtniskirche: Bildarchiv Huber/R. Schmid; Deutsches

Nationaltheater: Amt für Tourismus und Weimar-Werbung; Wartburg: Bildagentur Huber/R. Schmid

S. 12 Paul Glaser

S. 13 Einkaufspassage: Fremdenverkehrsamt Hamburg; Nationaltheater München: Isabel Krämer; Neue Pinakothek: Christl Reiter; Straßencafé: Robert Hetz

S. 14 Leipzig: Leipzig Tourist Service e.V./Tondar; Hamburg Hafen: Tourismus-Zentrale Hamburg

S. 15 Panorama München: Christl Reiter; Köln: Jörg Cassardelli

S. 17 Karikatur: E. Liebermann/CCC Agentur

S. 18 Hochhaussiedlung: Sergej Glaze; Altstadt Rothenburg: Bildagentur Huber/Radelt

S. 19 siehe S. 26

S. 20 Ein Loch in der Mauer: Ute + Bernd Eickemeyer; Brandenburger Tor bei Kriegsende: AKG; Wahl Adenauers zum Bundeskanzler: AKG; Gründung der DDR: AKG; Volksaufstand Berlin 1953: dpa

S. 21 Mauerbau Berlin 1962: dpa; Treffen Brand – Stoph: AKG; Montagsdemonstration in Leipzig: Bilderdienst Süddeutscher Verlag; Am Brandenburger Tor 10.11.1989: dpa; Feier zur Wiedervereinigung 3.10.1990: dpa

S. 22 Demonstration in Ost-Berlin 4.11.1989: dpa

S. 23 Wiedersehensfreude am 10.11. 1989: dpa

S. 26 Mauerspecht: AKG/D. Hoppe

S. 28 Feiern zur Wiedervereinigung 10.11.1989: dpa

S. 29 Berliner begrüßen Potsdamer 10.11.1989: AKG, Berlin

S. 30/31 Isabel Krämer

S. 32 Karikatur: Hans Biedermann

S. 33 Zeichnung: Gerlinde Keller

S. 34 Foto Peter Schneider: Lichtblick Fotografie

S. 35 siehe S. 47

S. 36 Kartographie Zwick

S. 38 Klett Perthes

S. 40 Jörg Cassardelli

S. 43 Susanne Kirchmeyer

S. 44 © Globus

S. 47 AKG/Berlin

S. 49 Max Beckmann Archiv © VG Bild-Kunst, Bonn 1996

S. 53 siehe S. 53

S. 54 Foto 1: © Michael Seifert; Foto 2: © Michael Seifert; Foto 3: BMW München; Foto 4: © Paul Glaser; Foto 5: © Hans-J. Ellerbrock/Bilderberg; Foto 6: © Michael Seifert

S. 56 Fotos: Süddeutscher Bilderdienst; Statistik: © FOCUS-Magazin, Quelle: Statistisches Bundesamt

S. 57 Isabel Krämer

S. 59 © Paul Glaser

S. 62 © Globus

S. 64 Foto: Bundesministerium für Arbeit und Sozialordnung

S. 65 dpa

S. 67 siehe S. 69

S. 68 © Pressebild Kindermann

S. 69 Foto (l.o.): © Stroscher-Sport Bremen; Foto (r.o.): Bildagentur Huber; Foto (l.u.): Christl Reiter; Foto (r.u.): Isabel Krämer

S. 70 B.A.T. Freizeit-Forschungsinstitut

S. 74 Zeichnung (o.): Til Mette; Foto „Bettenburgen und Badestrand": Süddeutscher Verlag; Zeichnung (M.): Ivan Steiger; Zeichnung (r.): Eberhard Holz

S. 79 siehe S. 93

S. 80 Zeichnung: © Walter Hanel; Foto: Isabel Krämer